人物で読むジェンダー史

共生社会をめざして

Esashi Akiko
江刺昭子

インパクト出版会

共生社会をめざして　人物で読むジェンダー史

目次

まえがき……7

I

メディアに生きる……9

草分けの時代から変わらぬ女性蔑視……10

自由奔放に非日常を生きた女性記者、中平文子という生き方……14

日中戦争前夜、竹中繁が訴えた「相互理解」の大切さ……18

『婦人公論』初の女性編集長　三枝佐枝子の仕事……27

女性誌を変革した『ミセス』休刊の理由……31

画期的な告発の書『マスコミ・セクハラ白書』……35

Ⅱ

表現者の自由を拓く

表現者の自由を拓く……39
「閨秀」から「女流」「女性」へ……40
階級やジャンル越える女性作家……44
武道館を埋めた作家がいた……48
「倒錯的」「邪道」と蔑まれても　駆け抜けた役者一代……53
幸田文の「崩れ」に学ぶ、大災害の続く今こそ……57
太平洋戦争開戦を受け入れた表現者たち……61
「横浜の大空襲」を記録する小野静枝……65
戦中・戦後の生活者の記録……71
資料は「生きた」歴史　軽視・廃棄を恐れる……76
散逸が懸念される女性史関係資料、保存・公開の動き相次ぐ……80

Ⅲ

政治に挑む

政治に挑む……87
明治150年、「明治の精神」願い下げに……88

「平成」最初の参院選で女性22人当選……92
「政治参加は女子の本分に背く」のか……96
政権の看板だった「女性活躍」どこへ？……100
ツイッターデモと「声なき声の会」が示すこと……104
『市川房枝の国会全発言集』を読む……109
国際女性デーの国連議決を無視し続けた政府……114
民主主義と呼べぬ日本の政治……118

IV

家族の形を問う……123
「産めよ死ねよ」への回帰か……124
ノーベル賞、「内助の功」は必要か……128
「昭恵夫人」は責任回避の呼称か……132
選択的夫婦別姓、未だ男性司法の壁厚く……136
「わたしだけの名」を奪う制度は終わりに……140
高齢者介護の担い手は今も女……144

昔「結婚報国」、今「官製婚活」……148
非正規シングル女性の窮状……152
関東大震災で犠牲になった沖縄の女工……156
コロナ禍を家事協働の契機に……162

V 性差別、性被害を告発する……123

目をおおう米軍による沖縄の性被害……168
忘れ去られた「国家売春」の過去……173
父系主義の国籍法改正に尽力した土井たか子……177
スポーツ選手は増えたが指導者は？……181
看護師を再び使い捨てにするな……186
ケアマネジャー、訪問介護の現場を語る……190
ジェンダーギャップは過去最低……195
男女共同参画センター、予算減や廃止で存立の危機……200

VI

悼詞 …… 205

加納実紀代、被害と加害の二重性から逃げず …… 206
山口美代子、ライフワークは「資料と女性」 …… 211
関千枝子、書き続け訴え続けたジャーナリスト …… 219
鹿島光代、女性史学に不抜の基礎を築く …… 230
高良留美子、天才的な書き手、多面的な活躍 …… 238
折井美耶子、地域女性史のリーダーとして …… 247

女性史とわたし――あとがきに代えて …… 256

まえがき

共同通信社と47都道府県の52新聞社のニュースサイト「47（よんなな）ニュース」に、２０１８年5月から23年12月まで、不定期に時事エッセイを寄稿しました。その中からテーマ別に整理して43本を選び編集したのが本書で、掲載順ではありません。各項目末尾の（）内が共同通信社の配信年月日です。

日々起こるできごとを導入部分にして書いたので、数年経った現在ではわかりにくいことがあります。そのため、内容を大きく変えずに、書き出しを削除したり、（）内に年月を補ったり、加筆したところもあります。表題と小見出しも、元のままのものもあれば、適宜変更したものもあります。時事問題でわかりにくいところは、＊を付け、文末に説明を補ったり、現状を書き加えました。最後の「地域女性史研究のリーダー」は、新しく書き加えた追悼文です。

サイト掲載時は、共同通信社の方針に従って、過去の人物には敬称なし、現存の人物には「氏」や「さん」をつけましたが、本稿では敬称は全て略しました。

I

メディアに生きる

草分けの時代から変わらぬ女性蔑視

時事新報記者大澤豊子は珍獣扱い

明治時代後期に始まる草分けの女性新聞記者14人の列伝を書いたことがある。そのうちの１人、大澤豊子は１８９９年、福沢諭吉が創業した時事新報社に入ったものの、百人あまりの編集室に女はただ１人。女でも字が読めるのかと言う人がいるくらいで、まるで珍獣扱いされた。彼女が少しでも動くと男たちの目がピカピカ光る。男性記者と口をきくだけで色恋のうわさが立つ。

その目に囲まれて、昔かたぎの家庭教育を受けている彼女は弁当を食べられず、トイレにも行けず、仕事の用以外は不言不語を貫き、そうすることで身を守り、25年の記者生活をまっとうした。他にも多くの女たちが記者をめざしたが、女を一人前の職業人として認めず、性的な対象としか見ない社内外の扱いに傷つき、ほとんどの人が数カ月から数年で新聞社を去っている。大澤の入社から120年たった今、女性記者が働く環境はどれほど変わっただろうか。

戦後、女性記者は徐々に増えたが、長らく点の存在でしかなく、新聞の場合はほとんどが婦人面・家庭面の担当だった。現在（2018年）、報道現場で働く女性記者比率は20%近くになり、政治、経済、スポーツなどの最前線にその姿が見られる。とりわけ男性記者の独擅場だった政府高官の会見場で昨年、女性記者が鋭く、しつこい質問を繰りかえし*、政権と記者とのなれ合い会見に一石を投じた。遅々として進まない女の政治参加に、メディアの側から風穴をあけたともいえる。

しかし、彼女たちに尋ねてみれば、セクハラに遭ったことのない人はいないのではないか。情報を取りにいく記者という仕事の性格上、取材相手からセクハラ行為をされても、拒むのは難しい。情報を持つ者は、情報を求める記者に対して圧倒的な優位に立つ。取材現場のセクハラは、力関係で優位にあることを利用したパワハラと重っているのだ。

辞めた財務省事務次官の事件**はその典型だが、被害者の女性記者は上司に訴えても取り合ってもらえず、やむなく外部メディアを通じて表面化させ、やっと会

大澤豊子

社も動いた。だが、組織に属さないフリーランスのライターや非正規雇用の場合はさらに深刻だろう。

セクハラは人権侵害であり女性差別

財務大臣は、繰り返し「セクハラという罪はない」と発言しているが、そもそもセクハラという概念がない頃は、行為が正面から告発されることはなかった。アメリカのフェミニズムが考えだしたセクシュアル・ハラスメントという用語が、日本に入ってきたのは１９８０年代後半。その頃、女性雑誌記者の会合でセクハラ体験が堰《せき》をきったように語られる場に居合わせ、言葉が生まれる意味を実感した。言葉が経験を引き出すのだ。もちろん記者職だけではない。あらゆる職場にセクハラが横行している。特に発生率が高いのは、医療や介護の現場であるとされる。

１９９７年改正の男女雇用機会均等法21条では、事業者に対して「職場において行われる性的な言動」によって女性労働者が被る不利益と環境悪化を防止する雇用管理上の配慮義務を定めている。２０１７年版『男女共同参画白書』によると、人事院では毎年12月４日から10日までを「国家公務員セクシュアル・ハラスメント防止週間」とし、各府省における施策の充実をはかるため講演会やセミナーを実施したというが、効果がなかったことが証明された。財務省は慌てて講師を呼んで講座を開いたようだが、大臣や議員諸氏もセクハラ講座を受講してもらいたいものだ。

主に男から女に対して行われるセクハラの背景には、根深い女性蔑視がある。人権侵害であるとともに性差別であることを知ってほしい。セクハラをしても刑事罰がないからよいではないかというなら、男女雇用均等法に罰則規定を追加すればよい。衆参両院を合わせた女性議員は97人（2018年現在）。彼女たちも男性議員や有権者に対してじれったさや感覚のずれを感じているはずだ。この際、超党派でセクハラ罪を議員立法するという手もある。

政権中枢に近い著名ジャーナリストによるレイプ事件の告発、そして今回の事件に対する政治家やメディアの対応を見ていると、ジェンダーギャップ（男女格差）指数が144カ国中114位というのもうなずける。空気のように日本社会を覆っているこの後進性を払拭しなければ、安倍内閣のキャッチフレーズ「女性が活躍する社会」の実現は望めないだろう。

（2018年5月15日）

＊　2017年6月8日、東京新聞の望月衣塑子記者が官房長官の記者会見で40分、23回の質問を繰り返した。

＊＊　2018年4月、財務省の福田淳一事務次官が複数の女性記者にセクハラを行っていたと報じられた。

自由奔放に非日常を生きた女性記者、中平文子という生き方

醜聞を暴き暴かれても屈せず

統一地方選（2023年）の神奈川県知事選で黒岩祐治が4選を果たした。選挙戦終盤にフジテレビのニュースキャスター時代から約11年間、女性と不倫関係にあったと週刊誌が報じ、前回から得票を約32万票減らし、無効票は12万票以上増えた。「神奈川のプライドを傷つけ申し訳ない」と述べ、万歳も笑顔もない勝利会見だった。

公人のスキャンダル報道にはその人の人格や倫理観が現れるから、社会的な意義は小さくない。証拠メールが残らない大正時代にも、自分をもてあそんだ男性について暴露記事を書き、自らも攻撃を受けながら、自分の思いに忠実に、屈せずに生き抜いた女性記者がいた。

「弱きが故に誤られた私の新聞記者生活」という18ページに及ぶ告白記事が掲載されたのは『中央公論』１９１６年５月号、筆者は中平文子（１８８８〜１９６６）である。

結婚して3児を設けたが、平凡な生活に飽き足らず離婚。政友会系の機関紙「中央新聞」の記者になった。「なでしこ」のペンネームで「婦人記者　化け込み　お目見得廻り」を連載した。

家政婦などに変装して著名人の家に潜り込み、内情をすっぱ抜く記事で、1年以上も続いた。「中央新聞」の発行部数が伸び、単行本はベストセラーになった。

ところが、中央新聞社重役で政友会の代議士でもあった吉植庄一郎との関係がもとで解雇された。吉植は自分から言い寄っておきながら、社長になるに際し、社内でうわさになっている中平を辞めさせたのだ。

彼女は承服せず、中央公論の告白記事では、「慰労」と称して吉植と共に出雲方面へ旅行したこと、そのときの口説き文句や手紙、吉植が政友会の領袖《りょうしゅう》たちをこきおろす口ぶりまで、赤裸々に誌上でばらした。

潜入記者として磨いた筆致はさすがにさえている。しかし、吉植の社会的地位はびくともしなかった。

中平のほうは仏教学者の高島米峰《べいほう》に「中平文子君に引導を渡す」（『中央公論』１９１６年７月号）と書かれて「私娼《ししょう》」呼ばわりされるなど、ごうごうたる非難を浴びて、メディアから姿を消した。

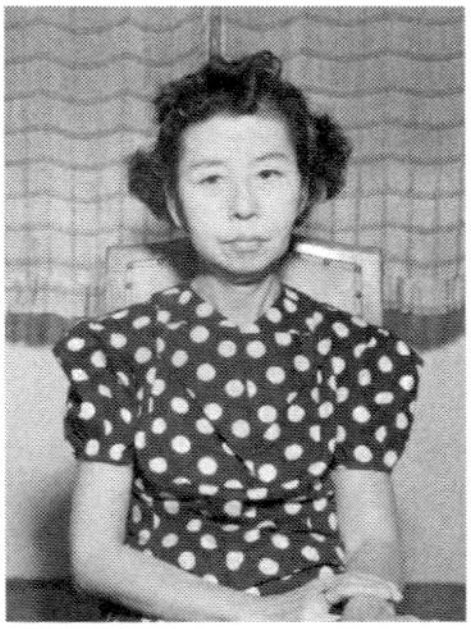

中平文子。1950年

事業家として、作家として、マルチな活動

それで終わらないのが中平で、小説を書くつもりで泊まった宿で作家の武林無想庵《たけばやしむそうあん》と意気投合して結婚。渡仏する無想庵に同行する。パリで女児が生まれ、娘のために服や帽子の仕立てを習い、1年半後の1922年に帰国したときは資生堂の子供服部門のチーフに招かれるほどの腕前だった。

関東大震災後、再びパリに渡ったが、無想庵の財産が尽きていたので、日本料理屋の経営に乗り出し、共同経営者の男と深い仲になる。無想庵は後に「コキュの嘆き」を書いて評判になった。「コキュ」はフランス語で「妻を他人に奪われた男」のことである。

彼女はその後も、モンテカルロで情事の相手にピストルで撃たれ「モンテカルロ・スキャンダル」と騒がれるかと思えば、帰国に際し、米ゼネラル・モーターズ（GM）に話をつけて大阪から東京まで振り袖姿で銀色のシボレーを運転するなど、自ら新聞ダネを提供している。

無想庵と別れて45歳で貿易商と結婚し宮田姓になったのちも、日本と外国を忙しく行き来した。男性遍歴も華やかなら、事業家としても、作家としてもマルチな才能を発揮した。陽気で好奇心

中平文子の著書『女のくせに』

旺盛な行動家だった。

戦前には『女のくせに』『やとな物語』、戦後にも『この女を見よ』『わたしの白書』『スカラベツタンカアモンの宝庫』『刺青と割礼と食人種の国』などを出版した。

このうち、記者時代のエピソードや探偵稼業に入門したいきさつなどを軽妙に綴った『女のくせに』（やなぎや書房、1916年）が、このたび珍しい形で復刊された。

発行者は大阪工業大知的財産学部水野ゼミ。著作権の利活用を研究テーマにして「本を作って、売って、読者をつなぐ」活動を行っており、埋もれた小説を復刊するプロジェクトの1冊に同書が選ばれた。

学生が作品を選び、原本からテキストを書き写し、校正、編集、組み版、発行、販売までを行っている。

筆者は著書『女のくせに　草分けの女性新聞記者たち』（インパクト出版会）で、中平の生涯を紹介した。その縁で水野ゼミの学生から届いたメールの一部を紹介する。

「大正時代にこれほどまでに自由奔放に生きる女性がいることに非常に驚きました。また、中平文子の視点から語られる華やかで混沌《こんとん》とした非日常に、ページを捲る手が止まりませんでした」

このまま埋もれさせるのはもったいない、もっと多くの人に知ってほしいと、復刊を決意したという。価格は600円。大阪市北区西天満にある「水野ゼミの本屋」やアマゾンでも取り扱っている。

（2023年4月28日）

日中戦争前夜、竹中繁が訴えた「相互理解」の大切さ

英語力を身につけて自立を促す

日中国交回復50年だというのに、最近の日中関係は危うい。沖縄の尖閣諸島周辺では一触即発の危機さえささやかれている。そんな今、かつての日中戦争の戦前期に、日本の大陸侵略に警鐘を鳴らし、双方の国のメディアでペンを振るった日本人女性のことを思い起こしたい。その人の名は竹中繁《しげ》。東京朝日新聞社で初めての女性記者である。

戦前、欧米のフェミニズムに影響を受ける女性が多いなかで、隣国の中国に関心を向け、相互理解と連帯を求めた竹中の足跡は、今こそ見直されるべきだろう。

1875年、東京・神田淡路町で生まれた。父親は司法省の役人で、娘に英語を身につけて自

立するよう早くから促した。ときは鹿鳴館時代、小川女子小学校には英語の授業があり、基礎から厳しく教えこまれた。同校生徒３００人中、ただ１人、祖父に買ってもらった洋服で通学したという。

次いで麹町に開校したキリスト教系の桜井女学校（のちに「女子学院」に名称変更）に進み、外国人教師に鍛えられて英語力をより確かなものにしたことが、彼女の職業生活を支えることになった。

女子学院高等部卒業後の２年間は神戸で幼稚園の教師を務め、帰京して、外国人宣教師が経営する私塾のブラックマーホームに勤めた。

ブラックマーホームには寄宿舎もあり、地方からの女学生も学んでいた。この頃のものと思われる帽子をかぶった洋装の写真が、のちに移り住んだ千葉県市川市鶴舞の隣家の女性に譲られている。

ブラックマーホームに英語を習いにくる大学生の１人に戦後首相になる鳩山一郎がいた。竹中は鳩山と恋愛関係になり、１９０７年、未婚のまま男児を出産した。鳩山家は慌てて親戚の寺田薫子との婚姻

ブラックマーホーム時代と思われる

をととのえた。

赤ん坊は女性たちの連携で養子に出され、竹中は養家に養育費を送り続けた。老年になって初めて子や孫の訪問を受けている。

竹中は、尊敬する矢島楫子《かじこ》が校長を務める女子学院で再出発する。英語教師兼舎監であった。矢島が会頭である日本基督教婦人矯風会でも献身的に働いた。そして1911年、『東京朝日新聞』の記者に転じる。

平塚らいてうらが『青鞜』を創刊した年である。女性たちが声をあげ始めた時代で、在京の新聞社にも各社1人か2人、女性記者が働き始めていた。だが、男性ばかりの職場で女性にとっての労働環境は劣悪だった。ほとんどが短期間で辞めている。

東京朝日新聞初の女性記者

竹中は長く記者として働いた。男性記者たちと顔を合わせないよう、デスクを窓に向けて設置していた。それで「窓の女=マドンナ」というあだ名がついた。いつでも、どんな場所にも取材に行けるようにと、常に地味な和服に黒い羽織姿だった。

その能力は折り紙つきで「学芸部長にしては」という声があったほどだという。

例えば1916年8月6日から5回連載の「女が観た私娼」は、警視庁の私娼取り締まりにあわせて、東京の私娼の実態を詳しくルポしており、事件記事の多い紙面で異彩を放っている。同じ紙面には夏目漱石の「明暗」が載っている。

しかし、女性問題が真面目に紙面で扱われることはほとんどなく、外に出て女性運動を支援するようになる。女性を政治から排除し、政治演説を聴くことさえ禁じた治安警察法第5条の改正を要求して、19年に市川房枝・平塚らいてうらが新婦人協会を起こしたときは、出発時から会員となり、市川とは終生の同志になった。

女性記者や活動家たちのネットワーク作りにも力を注いでいる。最初は、矢島の応援を得て15年、婦人記者倶楽部をつくり、これは日本婦人記者倶楽部に発展した。

28年、朝日新聞社内に組織された「月曜クラブ」も竹中が中心となった。女性記者だけでなく、市川、神近市子、平林たい子ら女性活動家や文学者の情報交換の場にした。

竹中はさらに、満州事変が勃発した31年、中国を知ることを目的とした一土会《いちどかい》を立ち上げ、講演会を催したり、在日中国人との交流をはかった。

女性記者や女性文化人たちのネットワークをつくり活動することが、中国との交流につながっていく。その足場は、政治や軍事、外交を操る側ではなく、常に女性や民衆の側にあった。

東京朝日新聞記者をしていた1919年頃

わたしは『女のくせに　草分けの女性新聞記者たち』（85年、文化出版局刊、97年増補新版、インパクト出版会刊）を書いたとき、『尾崎秀実《ほつみ》伝』の著者で竹中の親戚筋にあたる評論家、風間道太郎に話を聞いた。

尾崎秀実は有名なスパイ事件・ゾルゲ事件に連座して刑死した人。26年に東京朝日新聞社に入社し、机を並べた竹中との接触によって中国問題への関心と中国民衆への同情を深めたのだという。それがスパイ活動につながっていった。

服部升子とともに、危険を顧みず中国へ

西洋文化に親しんで育った竹中が、中国に関心を寄せるきっかけは、23年の中国旅行だった。大阪朝日新聞社が主催した婦人支那視察団に世話役として参加し、現地の女性たちとの交流を期待したが、婦人会などへの訪問は拒否された。

第1次世界大戦中に、日本が自国の権益拡大のため対華21か条を要求して中国の反発を買ったからだった。また、関東大震災時に、留学生で社会運動家の王希天や中国人労働者が軍隊に殺される事件もあった。

竹中の胸に、中国の女性たちと対等の立場で話しあい、理解したいという思いがふくらむ。中国国民党が北方軍閥政権の打倒を目指した「北伐」の途上で政情不安定な中国に、危険をかえり

みず飛び込んでいった。そして、日中の戦争を危惧し、回避のためにペンを振るった。

彼女の中国行きは、前後3回に及んでいる。１９２３年の最初の旅行がもの足りなかった竹中は、東京朝日新聞社で勤続15年になる１９２６年、社に中国旅行を願い出た。

編集局長の緒方竹虎に「金か時か」と問われ、お金もほしいが時間が大事だと答え、半年近い中国視察旅行の許可を得た。長いあいだ、北京と奉天で女子教育に従事し、帰国してからは中華女子学生寮の舎監をしている服部升子《ますこ》が同行することになった。当時の女性としては、中国通の第一人者である。

会社の許可を得たとはいえ、社の派遣ではなく、費用は自分持ち。最低の費用で歩けるだけ歩こうと、9月26日、2人は大陸へ旅立った。大連を振り出しに南北満州の各地をめぐり、北京、天津、上海、南京、漢口、香港、広州などを訪ねて翌27年2月末に帰国している。この半年近い旅日記を記した手帳、戦後、書きかけて未発表の旅行記、友人知人からの書簡などが遺族の元に残されている。旅行中、また帰国してから日中双方の新聞や雑誌に寄稿した文章も多数ある。

これらの資料をもとに山崎眞紀子・石川照子・須藤瑞代・藤井敦子・姚毅が共同研究をして『女性記者・竹中繁のつないだ近代中国と日本　一九二六～二七年の中国旅行記を中心に』（研文出版、２０１８年）にまとめている。また、評伝として香川敦子の『窓の女竹中繁のこと　東京朝日新聞最初の婦人記者』（新宿書房、１９９９年）もある。本稿はこれらの成果によるところが大きい。

この旅行では、服部の希望もあって100校以上の教育施設をはじめ、工場、孤児院などの社会施設を訪問し、孫文の妻の宗慶齢、康仲凱の妻の何香凝、中国婦女協会の熊希齢ら多くの女性指導者やジャーナリストに面会し、女性の立場について意見を交わしている。

日本と中国、双方のメディアに寄稿

その紀行は『東京朝日新聞』や雑誌の『婦人』に掲載され、31年に新聞社を退職してからは、中国の新聞雑誌に日本女性を紹介する記事を24篇、日本の新聞雑誌に中国女性に関する記事を42篇寄稿している。つまり、双方のメディアにリポートすることによって相互理解と連帯を深めようとしたのだ。

中国の『婦女雑誌』、『国華報』などへの寄稿は、日本の産児制限運動、鉱山労働婦人の現状、職業婦人調査など、日本女性がおかれている現状をデータで示しながらの紹介が多く、ジャーナリストらしいリポートといえる。

一方、日本の『婦人』や女性参政権の実現を目指す「婦選獲得同盟」の機関誌『婦選』には、共産党が優勢な中国の近況報告に加え、中国の女子教育、職業問題、女性の権利獲得運動などについて述べながら、戦争へと向う動きを憂慮している。『婦選』32年7月では「支那婦人の進出」と題して、日本と比較しながら中国女性の解放への期待感を示した。

「旧時代の支那婦人が、ひと度び教育によって自由の空気を味い、再び革命の潮に乗って人間としての権利の回収を許された時（略）大陸において放たれた翼は、日本のような社会組織の島国にせせこましく動くのとは違って、機会と共に思い切り暢《の》びやかに健やかに成長するであろうことを誰が辞《いな》めましょう」

一方で「満州事変」を「事変と称《とな》えるには余りにも重大である」と述べ、まかり間違えば「第二の世界戦争」になるのではないかと危惧している（「魂を入れかえて各自の立場を認識し重大時期を感得せよ」『婦選』32年1月）。

中国に詳しい知識人さえ「あの国の国民は、自分達の生活の安定さえ得ていたならどこの国の人が来て国を治めようと、そんな事は頓着しないのですよ」などと言うが、それは「時代錯誤であり、軽率であり、乃至《ないし》は危険でさえある」と非難。「中華民国の到る処《ところ》で出会わした、彼らの骨髄に徹した恨みの記念や、肺肝を衝《つ》いて出る、不平等待遇に対する怨嗟《えんさ》の声を、見聞きした経験が記憶に泛《うか》び出ます」と、強い調子で述べている（「認識不足を耻《は》じよ」『婦選』32年4月）。

自宅を中国人留学生向けの下宿に開放

そうして「今度の事変で滅茶々々に男が破壊した中華民国人の感情の堤を、女がせっせと修理していかなければならない」（「魂を入れかえて…」）と女性が立つことを促している。持論をメディアに発表すると同時に、退職後は先に書いたように、中国を深く知るために一土会を組織した。
また、世田谷に建てた家を洋風にしつらえ、中国人留学生の下宿にした。「部屋代に困ったら延ばしてもいい、へらしてもいい。おいしい料理の出来た際は、一しょに食卓を囲んでもいい」「ただ、おたがいが悪意を持たないこと、信じ合うこと、それだけは守ろうと誓ったのです」（「私の人生劇場」『東京新聞』67年8月20日）

しかし、竹中の願いはかなわず、37年、日中は全面戦争に突入した。40年2月、市川房枝に誘われて、三度び中国に足を運んだのは、わずかでも希望を見つけたかったのかもしれない。2カ月間、上海、南京などをまわったが、軍部が関わったこの旅では、前回会った女性リーダーたちとは面会できず、旅の記録はほとんど残していない。『市川房枝自伝　戦前編』（新宿書房、74年）に旅程があり、市川は対敵放送にかり出されたりしたことから、「重い心を抱いて」帰国したと書いている。

翌41年、竹中は交通不便な千葉県市原郡鶴舞（現、市原市）に隠居し、表立った活動から身を引いた。戦後は、近所の子どもや女学生に英語を教え、女性の政治参画を進める日本婦人有権者同盟に地域の主婦たちを巻き込んで、市川の政治活動を支援した。

竹中は『東京新聞』に連載した自伝「私の人生劇場」の最後を、周囲の人びとへの感謝と、「私は劇場の黒衣《くろご》の見習いぐらいの者ですから」という言葉で締めくくっている。

（２０２２年9月29日、30日）

『婦人公論』初の女性編集長
三枝佐枝子の仕事

編集部員を求む、男女を問わず

雑誌『婦人公論』で初めての女性編集長だった三枝《さいぐさ》佐枝子《さえこ》が２０２３年１月12日、１０２歳で亡くなった。大正時代の「母性保護論争」とともに、女性史上の二大論争とされている１９５０年代の「主婦論争」の火付け役となり、「専業主婦の妻と働く夫」という伝統的な家族観を揺さぶった人である。

同性婚について差別発言をするなど、伝統的家族

三枝佐枝子

観が保守派の意識を深く、強固に支配している。今こそ、三枝の仕事と「主婦論争」を振り返り、その今日的意味をかみしめたい。三枝佐枝子は１９２０年生まれ。日本女子大を卒業して、戦況が激しさを加える42年に結婚したが、専業主婦の生活に飽き足らず、自分の能力を生かした仕事をしたかった。敗戦の翌年、夫が新聞の３行広告に気付く。

婦人公論は16年の創刊時から女性解放のオピニオンリーダー的な存在だったが、戦時中に廃刊。46年４月に復刊したばかりだった。女性が参政権を初めて行使したのと同時期である。採用された三枝は25歳。編集部員は５人。グラビア４頁、本文64頁という貧弱な体裁だった。その上、占領軍の検閲があって、苦労して作った記事がボツになる。悔しい思いをしたが、三枝は著名な作家らに断られても断られても通い続けて原稿をもらってくる粘りが際立った。

創刊５００号を迎えた58年には婦人公論初の女性編集長になった。この頃は多くの女性誌が発行されているが、女性読者を相手にしながら女性編集長はほとんどいない時代。大手の商業誌では初めての抜擢である。その後10年間の編集長時代に10万部から30万部と部数を飛躍的に伸ばした三枝の編集手腕には次のような特色がある。

大胆な企画で新しい書き手を起用したこと、国際的視野に立つ記事を次々に取りあげたこと、読者参加の記事で双方向の誌面作りをしたこと、古い生活秩序を打破して女性解放を進めるには「性」の問題は避けて通れないとして、応募手記による「わが性の記録」を特集するなど、タブーとされてきた性の問題にも取り組んだことなどだ。

「主婦論争」が投げかけた問い

三枝が企画して大きな反響を呼んだのが、冒頭に挙げた「主婦論争」。経済白書が「もはや戦後ではない」と締めくくったのが56年、その前年の55年から始めて4年間続けた。第一弾のタイトルは「主婦という第二職業論」。書き手に、当時は無名だった評論家の石垣綾子を起用したのが新鮮だった。

アメリカ生活が長かった石垣は、電化生活が始まって家事の省力化が進んだ時代を背景に、今の主婦は退屈で変化のない生活を送る消費者になりさがっており、このままでは女性は退化せざるを得ないと警告した。

女性も男性のように社会に出て、視野を広く持ち、知識を豊かにし、人間としての自信を持つ必要があると説き、女性は「職場という第一の職業と、主婦という第二の職業を兼ねてゆかねばならない」とぶちあげた（55年2月号）。

刺激的な論考の反響は大きく、評論家、経済学者、文学者、主婦自身を含めて30人を超える多彩な論者が登場し、主婦のありようをめぐって論戦を交わした。その最後に三枝編集長が原稿依頼したのが梅棹忠夫で、39歳の気鋭の文化人類学者による「妻無用論」（59年6月号）は、今日のジェンダー論を先取りしている。

サラリーマン家庭の夫と妻の関係は「封建体制のまっすぐな延長」で、「働くものは男だけ。女はその附属物であり、せいぜいのところ補助物にすぎない」と梅棹は断じる。そして大胆な予測に踏み込む。

「家事労働がしだいに専門業者や機械に肩がわりされて、家庭の主婦の手から離れてゆくとすれば」、主婦はしだいに妻としての存在意義の基礎を失う。「今後の結婚生活というものは、社会的に同質化した男と女の共同生活、というようなところに、しだいに接近してゆくのではないだろうか。それはもう、夫と妻という、社会的に相異なるものの相補的関係というようなことではない。女は、妻であることを必要としない。そして、男もまた、夫であることを必要としないのである」。結婚を選択しない男女が増えている現代を見通したような知見だ。結婚したとしても、専業主婦家庭より共働き家庭が増えた今日、家族の形も、夫と妻の関係も大きく変わってきているし、今後も変わっていかざるを得ない。

そんな現実を直視しようとせず、相も変わらず、武家時代から続く専業主婦家庭をモデルにした家族観にしがみついている保守系の政治家たち。彼らの感性が打ち出す子育て政策も、同性婚や夫婦別姓や妻の扶養控除問題への取り組み方も、伝統を振りかざした時代遅れの家族観に由来している。その拠って立つ基盤を根本的に考えなおさない限り、人々の共感は得られないだろう。

（2023年3月1日）

女性誌を変革した『ミセス』休刊の理由

足に落とすと怪我をする雑誌

先の見えないコロナ禍が出版界を直撃、歴史のある雑誌が休刊に追いこまれている。１９２６年に創刊された日本最古の総合カメラ雑誌『アサヒカメラ』が７月号で休刊、女子大生ファッションを流行させた75年創刊の『ＪＪ』が12月発売から不定期刊行を発表し、実質的な休刊になった。女性向けの総合ライフスタイル誌『ミセス』も来年４月号をもって休刊する。

『ミセス』の発行元は、学校法人文化学園が運営する文化出版局で、高度成長期の１９６１年に創刊した。当時、既婚女性向けの女性誌は、「婦人４誌」と呼ばれた『主婦の友』、『婦人倶楽部』、『主婦と生活』、『婦人生活』で計約５００万部を占めていた。『ミセス』はそこに割って入った。

雑誌作りのソフトとハード両面で新基軸を打ち出し、70年頃には60万部を超える大雑誌に成長した。総ページの4分の1近くを広告が占め、足に落とすと、けがをしそうなほど重かった。販売収入を広告収入がうわまわった日本で初めての雑誌とされ、広告収入が月4億と言われた時期もある。

「ミセス」という異色のネーミングは当初は違和感があったが、まもなく既婚女性を指す一般名詞になり、その後、片仮名や横文字タイトルの雑誌が氾濫する先駆けになった。

「婦人4誌」の定番だった芸能スキャンダル、皇室、セックス記事を扱わず、ファッションや美容、食、インテリア、旅を中心に、高級かつ上品な「朝の雑誌」をコンセプトにした。

欧米の雑誌にならってアートディレクターシステムを採用。1人のアートディレクターのデザイン哲学で1冊の視覚的表現を統一し、あかぬけたビジュアル雑誌を作り上げた。ハード面も斬新だった。それまでの雑誌はA5判とB5判が主流だったが、ワイドなAB判（縦がB判、横がA判）を実現した。製本でも針金綴じではなく無線綴じにすることで見開きの誌面が広くなり、より写真が映えるようにした。

70年代から90年代にかけては「雑誌バブル」の時代だった。女性誌が数えきれないほど創刊され、広告の受け皿となって、より大きな判型や無線綴じはあたりまえになる。ターゲットの読者層も、社会階層や年齢、内容別に細分化され、「総合」をうたう「婦人4誌」は次々と消えていく。最後に『主婦の友』が休刊したのは２００８年だった。

この頃にはネットメディアの伸張が著しくなり、女性誌に限らず紙の雑誌がどんどん部数を落とした。街の本屋さんが激減し、駅の売店も減っていった。それは今も続く。出版業界紙『新文化』編集長の丸島基和によると、雑誌の市場規模は１９９６年がピークで１兆５６００億円だったが、２０１９年には５６００億円になり、１兆円が消えたという。

コロナは紙の文化を駆逐するのか

広告がネットに流れて激減したことが大きかった。電通によると、紙の出版物全体の広告費は19年まで15年連続で減少している。何とか食い止めようと広告獲得を目的にした誌面作りが増え、それを嫌った読者が離れ、広告をしても反響がないから広告主が離れる―という負のスパイラルに陥っている。そこにコロナ禍が追い打ちをかけた。日本雑誌協会によると、『ミセス』の場合、20年７～９月期の発行部数は５万８０００部で、10年前の同時期（約７万４５００部）から２割以上落ち込んだ（実売部数はさらに少な

『ミセス』終刊号（2021年4月号）

『ミセス』創刊号（1962年1月号）

い)。関係者によると、他誌がデジタル化して紙媒体と並行するところが多いなか、その動きについていけず、コロナで広告の収益率がさらに落ちた。

『ミセス』にはまた、他誌にはない特殊な事情もある。発行元が独立した企業ではなく、学校法人文化学園であることから、他の出版社が展開しているような通販やイベントとの連動、さらに他業種との連携による相乗効果を求めることが難しかった。そして、コロナ禍で留学生が来日できず、学校経営自体も見直される状況になっていたという。

ファッションページの撮影にはモデル、カメラマン、スタイリスト、美容やヘアデザイナーといった多くのスタッフが必要であることから、クラスター発生の危険性もあった。撮影がストップし、隔月刊にするなどして、しのいできたが、力尽きた。

現在、紙媒体の女性誌はミス向け、ミセス向けなど合わせて約100誌ある。ジェンダーが問われる今、「女性誌」という括りの雑誌の賞味期限がいつまで持つのか。各誌の生き残りをかけた模索が続く。雑誌は時代の空気を映しとる。コロナによるパンデミックで人びとの生活環境も行動も大きく変化しつつある。それは価値観まで変容させるかもしれない。どのような雑誌が読者のニーズに応えられるのか。今後、デジタル化が加速することは疑いないが、それは紙の文化を完全に駆逐してしまうのか。紙の本や雑誌、街の本屋さんを愛する身としては、それらが生きながらえることを祈るのだが。

(2020年12月21日)

画期的な告発の書『マスコミ・セクハラ白書』

女性記者比率は2割を超えたが

３月８日（２０２０年）の国際女性デーに日本マスコミ文化情報労組会議（ＭＩＣ）が新聞、テレビ、出版業界の女性管理職比率の調査結果を発表した。この調査のうち、新聞社に注目してみた。回答したのは41社で、記者の女性比率は全体で22・４％と２割を超えたが、役員は３・13％、30社は役員がゼロだった。管理的職業は７・71％、デスクやキャップなど管理職数は８・50％である。２００３年に政府が社会の指導的地位に占める女性の割合を30％にすると掲げた。そ

『マスコミ・セクハラ白書』

のゴールは今年だが、はるかに及ばない。

このように新聞社の中枢を男性が独占していると、紙面は情報の選択も表現の仕方も自ずと男性目線に偏る。それを女性たちが指摘したのは、女性記者数がわずか0・7％だった1976年。東京婦人記者会に所属する7社の記者が、「新聞の『女性表現』への疑問」と題するリポートを発表した（『新聞研究』76年5月）。

女が事件の当事者の場合、男なら問題にならない容貌が犯罪動機にされ、子殺しがあれば「鬼の母」、女が声をあげれば「黄色い声」に「赤い気炎」。男性記者の女性観を反映した記事の例を多数あげ、新聞が性別役割分担を前提にしたステレオタイプの女性像を再生産していると報告した。これがきっかけで女性にかかわる表現を見直す動きが出てきて、徐々に差別表現が減っていった。異なる企業の女たちが連帯した成果である。ちなみにこのリポートを中心になって作成したのは、この年、一般紙で初めて管理職である婦人部部長になった読売新聞の金森トシエと同僚の深尾凱子《ときこ》である。

社の枠超え声あげた女性記者たち

この頃の女性記者の担当はほとんど婦人・文化面に限られていたが、男性と同じように政治・経済・スポーツ・社会面などを担当し、支局勤務もするようになると、女性たちは深刻な性被害に直面することになった。男並みの働き方を求められる職場でなかなか声をあげられなかったが、２割とはいえ、女性記者の存在がようやく点から面になった今、当事者たちが性被害を告発した画期的な書『マスコミ・セクハラ白書』が出版された。

きっかけは２０１８年、福田淳一財務事務次官によるセクハラをテレビ朝日の女性記者が告発したことだ。これに対して被害者をバッシングする動きが広がり、麻生太郎財務相は「番記者を男に変えれば済む話だろ」と言い放った。そこで、新聞・通信・放送・出版などで働く１００人以上の女性が「ＷＩＭＮ（メディアで働く女性ネットワーク）」を立ち上げて活動を開始する。記者としてセクハラや人権問題を取材し、自分たちの外にある問題として扱ってきたが、記者自身も当事者だと気づいたからだという。

会員２人がペアになって相互にインタビューした14本と、本人が書いた11本のタイトルは「私たちのこと」。記者としての「私」のなまなましい性被害の告白で、読んでいて息苦しくなる。半分以上が匿名であることが、公表することの怖さ、ＰＴＳＤなど後遺症の深さを物語る。

外回りの仕事で被害が突出しているのは、政治家、警察、公務員相手の取材。政治部で政党を担当すると、酒の席で雑談を交えながら情報を手にするのが長い間の慣習になっており、できなければ１人前でないとされる。肉体関係を求められたり、卑猥な話題を振られたりする。一方で上司からは「寝てでもネタをとってこい」と言われたと、打ち明けている。

男性上司や同僚が加害者になるケースもある。女性が１人しかいない支局などではお尻をさわられたりは日常茶飯事。地道な取材でスクープしても「寝てとったのか」と言われ、周囲の男たちはにやにや笑っている。被害を相談すれば仕事に支障が出たり、人事上の不利益が出たりするのではないかと思うから、言い出せない。勇気をふるって相談しても我慢しろと言われる。

ＷＩＭＮはまた、新聞社やテレビ局・出版社など86社に、セクハラの実態と対策、女性の採用・待遇などについて質問し、65社の回答を得て、本書に掲載した。セクハラ禁止の法制化や就活生アンケートに関する時事コラムも収録している。こうして、女性たちが企業を超えて横につながったのは、今も苦しんでいる仲間に「あなたはひとりではない」というメッセージを届けたいから。そして、これからメディアをめざす人たちが働きやすい環境を作るためだという。

メディアは近年、かなり熱心に性暴力を報じるようになったが、身内の女性差別、性暴力を黙認したままでは説得力に欠ける。勇気をもって声をあげた記者たちの願いにこたえてほしい。セクハラをしていることに気づかない加害者もいる。社員教育も必要だろう。長時間労働はあたりまえ、夜討ち朝駆けも当然といった取材手法は見直さなくていいのだろうか。被害者の相談にきちんと対応するシステム作りも求められている。そして何よりも急いでほしいのは、女性記者の数を増やし、なるべく多くの女性を指導的地位につけることだ。メディアが本気で性暴力根絶に取り組めば、社会の空気が変わるはずだ。

（２０２０年３月27日）

II

表現者の自由を拓く

「閨秀」から「女流」「女性」へ

男性名を名乗る女性作家たち

どこの町にも一つや二つはあって、風景の中に自然に溶け込んでいた本屋さんがネット書店の勢いに押されて、姿を消していく。わたしはリアル書店に生き残ってほしいから、少し遠いけれど大型書店まで足を延ばす。文芸書の棚を眺めていて、おやと思った。男女の作家の棚が区別してあるのに、女性作家の作品が男性作家の棚に、その逆もあったりする。男女の区別のつきにくい名前が多くなったせいもあるが、女性作家の側で意識的に男性名とも思えるようなペンネームをつけている人がいる。桐野夏生、山本文緒、篠原一、恩田陸、桜庭一樹、井上荒野、島本理生、木内昇らで、コミック分野はさらに多い。

なぜ、彼女たちは男性名を名乗るのか。○○子だとすぐに女の作家だとわかって、それだけで判断されるのが嫌であいまいな名前にした、自分のイメージは女性的でないといった理由らしい。その背景には、女性作家であるがゆえに、まっとうに評価されなかった時期が長かったということがある。わたしが１９６０年代に学校で習った日本文学史はこうだった。

近代文学の始まりは、坪内逍遥が『小説神髄』で写実主義を唱え、二葉亭四迷が『浮雲』で言文一致体を実践した。自然主義文学から白樺派へ、近代的な自我意識にめざめた作家たちが、封建的な家や社会の壁といかに闘ったか。でも、それは男性作家ばかりで、女は樋口一葉と与謝野晶子くらい。木村曙《あけぼの》も田辺花圃《かほ》も清水紫琴《しきん》も、もう少しあとの時代に活躍する『青鞜』や『女人芸術』系列の女性表現者の名前もほとんど出てこなかった。

「女装文体」で書く樋口一葉

その頃、近現代日本文学の基本テキストを網羅しているとされた岩波文庫の緑色帯にリストアップされていた女性作家は、一葉、野上弥生子、宮本百合子、晶子、岡本かの子、田村俊子のみ。でも、田村俊子の『あきらめ・木乃伊の口紅』が入っていたから、わたしは彼女を卒論のテーマに選んだ。主人公がレズビアンだったり、男と対等に自我を主張したりする。その生き方が、明治末期に書かれたとは思えないほど鮮やかだった。

戦前、たしかに女性作家は少ないが、まるでいなかったように文学史で無視するのは公平性に欠ける。文学作品を評価するのは、男性評論家であり、男性研究者であり、男性中心の文芸ジャーナリズムだから、男同士で褒めあって自足していたということなのか。

わずかに認められた女の書き手は「閨秀作家」と呼ばれた。画家や音楽家も必ず「閨秀」という冠がついた。「閨」とは「女性の部屋」や「女性」のことで「閨秀」は優れた女性の意だ。単に「作家」でいいのに「閨秀」を付けたのは、女性は特殊な存在とみなされたからだろう。文学などの芸術活動は本来、男の行為だという意識が前提にある。

閨秀作家として認められた樋口一葉の文体を「女装文体」だと喝破したのは近代文学研究者の関礼子。一葉は師の半井桃水に、当時はやりの書生文体である言文一致体ではなく、女の書き手にふさわしい、男からみて女らしい文体で書けと指導され、復古調の優美な雅文体、つまり「女装文体」で書いてちやほやされたのだという。

「青鞜」が突破口になって、次第に女のもの書きが増えた。平塚らいてう、野上弥生子、宮本百合子、吉屋信子、宇野千代、平林たい子、窪川稲子、林芙美子、岡本かの子ら。そうなると閨秀作家は響きが古いからか、「女流作家」という呼称が用いられるようになった。でも、「男流」という対の言葉はないから、「作家」は依然として男性専用なのである。

昭和初期、窪川稲子が「キャラメル工場から」を発表したとき、新聞に「この小説は女名前だが男であろう」と書かれたが、それは褒め言葉なのだという。田村俊子や岡本かの子が評価されるのは、男には書けない官能描写の場面によってだ。そうでなければ、林芙美子に代表されるように、貧乏や病気に加え男にしくじった体験小説がもてはやされた。
女性作家自身、日本女流文学者会を作って（36年）、女流文学賞を創設し（46年）、「現代の女流文学」全8巻（74年）を刊行している。丹羽文雄はこの文学集の推薦文に「今日ぐらい百花繚乱と咲きみだれる閨秀作家の時代を知らない」と書いた。70年代まで下っても、閨秀作家は死語になっていない。言葉は社会の変化を反映する。女流作家と並行して女性作家が使われるようになるのは90年代。この頃に登場した女性作家たちが、先に挙げたような男性のような名を名乗るのは、女が文学の場でマイノリティであることを自覚してのことであろう。一方でフェミニズム文学批評の立場から文学史の書き換え要求が起こってくる。

（2018年6月21日）

階級やジャンル越える女性作家

女は恨みつらみが激しい？

まもなく恒例の芥川賞直木賞の季節がくる（２０１８年上半期）。どんな作者と作品にめぐりあえるのかが気になる。というのも、近年の両賞をはじめ、本屋大賞や「このミス」（ブックガイド「このミステリーがすごい！」の略）など文学賞の受賞者の女性比率が高いからだ。

１９３５年に創設された芥川・直木賞の女性受賞者は戦前は極端に少なく、男女比は前者が18対2、後者が14対1。戦後も芥川賞は第22回から48回まで13年間、直木賞は24回から38回まで7年間も女の空白期が続いた。80年頃からようやく女性受賞者が目立ち始めたが、メディアは高樹のぶ子や重兼芳子を「主婦作家」と呼んだ。明治時代に森鷗外の妻の森しげや、夫が帝大教授の大塚楠緒子らが「夫人作家」とくくられたのと同じ発想である。男にも「サラリーマン作家」という呼称があるが、男女の関係性を表しているわけではない。

この頃、男性選考委員ばかりの座談会「芥川賞委員はこう考える」（『文学界』1987年2月号）で、開高健があきれる意見を述べている。「まァ近頃おかみさんが自分の体験に寄り添うかたちで小説を書いて、芥川賞をもらうという例が多いんですが…女の方が恨みつらみが激しいんで…だから女の執念でお書きになると、ちょっとした作文であるにせよ、とにかく賞をもらえるものが書ける」

しかし、この発言から間もない第97回（87年上半期）から両賞と女性作家の関係が大きく様変わりする。女は個性が強くて、これと決めた候補作品については不退転の決意で出てくるからまとまるものもまとまらないといった反対意見がある中で、初めて選考委員に女が入った。芥川賞に大庭みな子と河野多恵子、直木賞に平岩弓枝と田辺聖子で、それぞれ10人中の2人である。受賞者も芥川賞は村田喜代子、直木賞は山田詠美と白石一郎が受賞し、新聞は「オンナ上位の文学界」「男は哀れな時期に」と、やゆ的に報じた。

87年は、女性文学にとっては地殻変動ともいうべき大きな変化があった年である。人をくったペンネームの吉本ばななが、『キッチン』で性の境界線上をさまよう女装の男を創作して世間を驚かせた。俵万智の『サラダ記念日』がベストセラーになり、短歌の口語化が一気に進んだ。

性差を基軸に文化を読み直すフェミニズム批評が盛んになったのは90年代。上野千鶴子・小倉千加子・富岡多恵子の鼎談《ていだん》『男流文学論』は、文学に「女流」という区分があるなら「男流」があってもいいという逆転の発想で「男流文学」を小気味よく斬りまくった。日本文学の女性研究者の層も厚くなり、埋もれていた女性作家の作品を掘り起こして読み直すジェンダー研究が盛んになった。近代を支配した男たちがつくりあげてきた規範や幻想を問い直す試みである。

女も男も「作家」として評価

文学だけではない。女性史年表でこの前後のできごとをみると、85年に女子雇用者（1518万人）が専業主婦の数を上回る。86年、男女雇用機会均等法施行、土井たか子が社会党委員長に就任。87年には子連れ出勤の是非をめぐる「アグネス論争」がメディアを賑わせた。89年には参院選挙で過去最高、女性議員22人が当選し、宇野宗佑首相が愛人問題で辞任に追いこまれた。

文学の場で女が男を凌駕する勢いは2000年代に入って加速し、かつては皆無に近かった歴史小説やミステリーにも多くの女性作家が進出した。彼女たちは純文学とエンターテインメントといった文学の階級区分やジャンル分けを軽やかに乗り越えて、社会派の骨太な作品を世に問い続けている。

これらの成果を踏まえ、06年には紫式部から綿矢りさ、金原ひとみまで600人、純文学からサブカルチャーにまで目配りした『日本女性文学大事典』が刊行された。『新編日本女性文学全集』（07～12年）も刊行され、手に入りにくかった作品が一望できるようになった。基本文献がやっと出そろったところで、男の視点ではなく、男女双方の視点で文学を評価して、定番の文学史が書き換えられようとしている。閨秀も、女流も、女性も、すべての冠詞を取りはらった「作家」として評価されるときが来たのである。

最後に、与謝野晶子の「人ごみの中を行きつつ」という詩（『青鞜』2号・1911年10月号）を紹介しておこう。7連のうちの1連である。

唯だ「人」と、若しくは「我」とのみ名乗るぞよき。
雑多の形容詞を付け足さんとするは誰ぞ。
大と云《い》ひ、小と云ひ、善と云ひ、悪と云ひ…
そは事を好む子供の所為《わざ》なり。
何物をも付け足さぬはやがて一切を備へし故なるを。

（2018年6月27日）

武道館を埋めた作家がいた

「住井すゑ現象」というブーム

日本武道館は格闘技や芸能人のライブの会場として有名だが、ここを満杯にした作家がいる。大河小説『橋のない川』で知られる反骨の人、住井すゑ。27年前の今日（１９９２年６月19日）、８５００人の聴衆を前に「九十歳の人間宣言」と題して熱弁をふるった。

『橋のない川』第７部刊行の記念講演で、講演録はそのままブックレットになった。当時、住井は講演や対談に引っ張りだこで、「住井すゑ現象」といっていいようなブームの渦中にあった。亡くなったのはそれから5年後、97年６月16日だった。武道館講演から時を経て、彼女が繰り返しその非道さを語り、解消を呼びかけた差別はなくならず、かえって他国や他民族、異なる考えを持つ人への排除の言葉が、街頭に、書店に、ネットにあふれる。あのブームは何だったのだろうか。

『橋のない川』は、30年以上の歳月をかけて書き継がれ、計６００万部のロングセラーになった。明治末期から関東大震災後までの時代を背景に、大和盆地の被差別部落に生まれた少年が人間解放にめざめ、平等を求める水平社運動に参加していく物語だ。

住井の生家は奈良県田原本町で農業兼織物製造業を営み、近くに被差別部落があった。それが大作の原点となる。12歳頃から少女雑誌や文芸雑誌に投稿し、17歳で上京して講談社の記者に。2年後には農村を舞台にした自伝的小説『相剋《そうこく》』を出版した。農民文学作家で活動家の犬田卯《しげる》と結婚し、4人の子育てをしながら童話や小説を書き、稼ぎのない夫に代わって生計を担う。30年には『大地にひらく』が読売新聞の懸賞小説第2席に入選。女性アナキストたちが創刊した『婦人戦線』にも毎号小説や評論を発表している。35年に夫の郷里である茨城県牛久に退いてからも書きまくる。戦時下、農民文学は脚光を浴び、敗戦までの間に『農婦譚』、『土の女たち』、『大地の倫理』のほか、少国民ものも多作。戦後は主に児童文学分野で執筆を続けた。

57年、長く病んでいた夫が亡くなり、看病生活から解放された。

住井すゑ

夫の遺骨の一部を東京・青山墓地の「解放運動無名戦士の墓」に納めたその足で部落解放同盟を訪ね、今日から運動に参加させてほしいと申し出た。そして、長年あたためてきた作品にとりかかる。55歳だった。

主人公は人間解放を求める少年

わたしが初めて住井に会ったのは1970年の年末。当時、『西光万吉著作集』全4巻の編集に関わっていたためだった。西光は水平社宣言の起草者で、『橋のない川』の登場人物のモデルでもある。著作集に付ける月報の原稿を住井に依頼したところ、口述なら引き受けるというので、牛久のお宅を訪問した。三島由紀夫が自刃した直後のことで、住井は強い口調で三島を非難した。逆に西光のことは「人間の命を尊敬することから戦争を否定した。一番の文化人ですよ」と評した。気迫に圧倒された。

8年後、雑誌に住井する論を書くために再訪した。住井は人間平等に目覚めた体験を語った。それは『橋のない川』に主人公の体験として描かれている。6歳のとき生家近くで陸軍の大演習があった。天皇が吸ったタバコの吸殻や糞《ばば》を持ち帰って家宝にしている者がいると聞き、神様だとされる天皇が人間だとわかった。小3のとき大逆事件があり、幸徳秋水は悪いやつだと校長が訓示したが、その校長の説明では、幸徳は天皇の命に背いて戦争に反対し、金持ちも貧乏人もない世の中を作ろうとした。幼い住井は、幸徳の考えのどこが悪いのかと思ったという。そして持論を展開した。どこに生まれようが、どんな暮らしをしようが、人はみな死ぬのだから、時間の法則の前に平等なのだと。

ベストセラー作家でありながら、文壇の外にいたせいか、ほとんど文学批評の対象にならなかった。ブレークしたのは90歳近く、昭和天皇の代替わりが近づいたころから。反天皇制、反差別のシンボルとしてもてはやされ、講演や対談、エッセー集が次々と出版された。対談の相手には、永六輔や澤地久枝、石牟礼道子、野坂昭如らに加え、毎日新聞の論説委員を務めた次女、増田れい子もいた。

戦争責任には沈黙

盛り上がりに水をさしたのは95年8月の『RONZA』戦後50年特集「表現者の戦争責任」。戦時中の住井が忠君愛国物語を書き、戦争を賛美したではないかと責めた。これに対して住井は「書いたというより、書かされちゃうんですよね、あの頃は」「それ書かなくては生活できない」と釈明した。さらに、責任のとり方を追及されると、「『橋のない川』を書くことがいっさいの自分の反省であり、もう、ここにすべてを書き込めると思って始めた」と応じている。住井はついに、自らの戦争責任について正面から語ることはなかった。それは残念なことだが『橋のない川』にすべてを込めたという苦しい弁明もまた、胸の内の真実であったろう。

１９９３年、現天皇の結婚の際、住井は共同通信の取材に、当事者の痛みをおもんぱかる言葉を残している。

「結婚というのは、いってみれば私事ですよね。それを寄ってたかって見せ物みたいにしてしまっている。お二人がかわいそうだと思います。特殊な扱いをすることは、お二人にとっても憂鬱《ゆううつ》なことでしょう。一人の男性と女性の結婚という、ごく普通のこととして考えればいいのでは。名門だ、エリートだと家系や身分、経歴などを強調することが、差別を助長する結果にもつながっています。戦時中と同じ気分が広がって、敗戦が生んだ民主化への希望を一寸刻みでなくしているような気がしますね」

住井については、いまだにまともな評論が見当たらない。貧しく弱い者に寄り添い続けた文学は貴重だし、農村を舞台にしたおびただしい作品群は、その時代の農村事情を知るうえで、史料的価値も大きい。農山漁村が衰え、差別的な言説が跋扈《ばっこ》する今こそ、住井の表現と向き合いたい。


（２０１９年６月19日）

「倒錯的」「邪道」と蔑まれても駆け抜けた役者一代

女剣劇のスター、大江美智子

6月24日（2019年）は「昭和の歌姫」「国民的歌手」と呼ばれた美空ひばりの30回忌だった。圧倒的な人気は今も衰えず、テレビは繰り返し特番を組み、若い歌手がひばりの持ち歌をカバーしている。

聴きなれた歌を口ずさみながら、ふと思いだすのは、同じ横浜の下町に生まれ育った女剣劇の大江美智子。20代でスターの階段をかけ登りながら、往年のファン

大江美智子。人気絶頂だった1965年

にもすっかり忘れられている。各種人物辞典に没年月までは出ているが日付がない。亡くなったのは2005年7月19日。今日が命日である。本名は細谷ヤエ、1919年に横浜市南区の足袋職人の娘に生まれた。小学校卒業後、製糸工場で働いていたが、単調な仕事に飽き足らず、自立したいと思っていた矢先、横浜歌舞伎座で初代大江美智子一座の舞台を見た。魂をつかまれ、役者になろうと決意、反対する家族を説き伏せ大阪に一座を追って弟子入りした。

3年後、初代が急死。容姿が似ているところから20歳で2代目を襲名した。古参の座員は若い座長に冷たく舞台でチェッと舌打ちをしたりする。それに耐え特訓で踊りや殺陣《たて》を身につけ、戦時中も興行を続け、戦後、浅草六区の常盤座や松竹座を中心に女剣劇の全盛期を築いた。歌舞伎座の舞台も踏み、56年度の芸術祭奨励賞を受賞している。NHKテレビでも中継され、何度か見た記憶がある。立ち姿が水際だって気品があった。

年齢、性別、階級の異なる複数の人物を瞬時の早替わりで演じるのが得意だった。あるときはきりりとした若侍、またあるときはいなせな侠客《きょうかく》から美しい姫や町娘に変身する。

あたり狂言の「雪之丞変化《ゆきのじょうへんげ》」は、父母の敵を討つために武芸百般に通じている歌舞伎の名女形雪之丞を中心に展開する勧善懲悪物語で、1回の舞台で36回も早替わりしたという。女の大江が男の役者を演じ、彼は女形である。女かと思えば男になり、さらに女に男にと変身し、性の境界を軽々と越えていく。見ているほうは、今目の前にいるのが女か男かわからなくなる。トランスジェンダーが市民権を得た今、改めて見直してもいいのではないか。

円熟期に舞台を去る

東京のコマ劇場や新橋演舞場、京都の南座などの大劇場で活躍していた絶頂期、思いがけない病気に襲われる。台本の字が流れて読めない。緑内障だった。舞台の裏を走りながら衣装を着替える早替わりは、目が悪くてはできない。失明を宣告され、60人余の座員の身が立つようにして引退したのは70年、円熟期の51歳だった。舞台を去り、眼病を直してくれる医者を探したすえにたどりついたのが、自宅からほど近くに教会を構える新宗教の大山祇命神示教会（おおやまねずのかみしんじきょうかい）だった。神さまに救いを求め、明るさを取り戻したという。

その後は自宅に猿若流「大江美智子舞踊教室」の看板をあげ、弟子４人とともに踊りを教えたり、人形作りをして過ごし、弟子も家族も含めて信仰に生きた。82年出版の自伝『女の花道』に「本当の神とめぐり会えた…とても幸せです」と書いている。

10年前に彼女のミニ評伝を書くため調べたが、晩年は表に出なかったせいか、地元新聞にも訃報が見当たらない。その頃はウィキペディアにも記載がなかった。

教会に問い合わせて遺族の連絡先を教えてもらい、甥の細谷保と、一番弟子だった大宮寿美に取材した。引退後の暮らしぶりを

引退後の大江美智子

聞き、亡くなった日も確定することができた。わずか2ページの紹介だったが、細谷からは丁寧な礼状と品物が届いた。礼儀正しかったという大江の生き方が受け継がれていると感じた。

演劇史は、伝統を掲げる歌舞伎や、それに対抗して勃興した新劇を正統とし、大衆演劇を低俗とする。その中でも剣劇《チャンバラ》は下位とみなす。さらに男がする剣劇を女が演ずる女剣劇は、大衆に歓迎されながらも、倒錯的で邪道な芝居のように言われることがあった。

何重苦も背負いながらひたむきに駆け抜けた役者一代。新宗教に身を委ねたことが評価の邪魔をしているとしたら悲しい。

お墓は海の見える湯河原の里にある。「ヨッ、大江ッ」とか「みっちゃん!」と声をかけたら、艶冶《えんや》な笑顔が返ってくるような気がする。

（2019年7月19日）

幸田文の「崩れ」に学ぶ、大災害の続く今こそ

自然への畏怖を忘れた現代人

地震、台風、大雨の被害があいつぐこの頃、にわかにハザードマップを見直したり、地域の防災訓練に参加したりしている。それにつけて思い起こされるのは、人としての身仕舞いのありようをきりりとした文章で描いた作家の幸田文である。父・幸田露伴に仕込まれた生活者としての知恵の数かずを惜しげもなくつづった台所や着物にまつわるエッセーは、今では貴重な時代の証言になっている。86歳で亡くなったのは1990年10月31日、昭和の終焉の翌年だった。

没後出版された『崩れ』には驚いた。日本全国の「崩れ」を見るために山の奥の奥まで分け入って書いたルポルタージュで、東京っ子のイメージをくつがえされた。実際に各地を歩いて

目で確かめ、肌で感じた崩れの実態を『婦人之友』に連載したのは1976年から77年にかけて。日本列島改造論がもてはやされ、高度経済成長に酔った時期である。全国で山を削り、谷を埋め、川筋を変えて、東京に例をとると、縦横に流れていた川にふたをして暗渠《あんきょ》とし、その上に終夜、明かりがともる不夜城を現出させた。

台所の達人であった彼女は、その肌感覚で自然への畏怖を忘れた現代人のふるまいに危機を感じたのではないだろうか。台所は長らく女の居場所とされてきたが、バカにしてはいけない。台所はもっとも扱いのむずかしい火と水を使う場所である。ひとつ間違えればおおごとになる。

幸田文は76年、古木を探し歩く旅で静岡県安倍峠に行った折、誘われて安倍川《あべかわ》支流の大谷川《おおやがわ》をさかのぼり、大谷崩れにドライブした。車から降りて、あたりをぐるっと見わたして、はっとする。「巨大な崩壊が、正面の山嶺から麓へかけてずっとなだれひろがっていた」。

それが「崩れ」との出会いだった。崩壊が押し出した沢を下りながら、同行の人に尋ねて、「機嫌のとりにくい川、荒れる性質の川、地質がひどく複雑に揉めている山」が山地の崩壊、崩れになると知る。大きな崩壊は大谷崩れだけではないこともわかり、「崩壊というこの国の背負っている宿命を語る感動を、見て、聞いて、人に伝えること」を決意する。

和服をズボンに着替えて

そこからの行動力が尋常ではない。すでに72歳。着慣れた和服を脱いで、ズボンとブラウスの締め付けに悲鳴をあげながら、旅に次ぐ旅である。屈強な男でもたじろぐような場所へ行く。娘の心配をよそに、ときには案内人に負ぶわれてでも「崩れ」にあう。まるで異形のものたちに恋をしたように。

富山県の鳶山《とんびやま》崩れ、富士山の大沢崩れ、日光男体山の薙《なぎ》と呼ばれる崩れ、長野県の稗田山《ひえだやま》崩れへと次々に赴く。崩壊と暴れ川の現場である。足は火山噴火の鹿児島県桜島にも。北海道の有珠山には77年の大噴火の2カ月後に訪れた。大谷の崩れには一度ならず、春夏秋冬、姿を変えるたびに足を運んでいる。

わたしたちが命を預けている大地は、いつも穏やかとは限らず、いつ牙をむくかわからない。常に備えを怠ってはいけない。読み返してみて、作家が伝えたかったことはそのことだったと思う。

東桜島の小学校の庭にある１９１４年の「爆発記念碑」の碑文を紹介しながら「住民ハ理論ニ信頼セズ異変ヲ認知スル時ハ未然ニ避難ノ用意尤モ肝要」の箇所に傍点を振っている。爆発の頃よりは学問科学は格段に進歩しているが、異常を感じたら、まずもって避難するのが大事だというところを強調する。

そして「動物すべてに天が授けてくれている筈の、勘というか感というかは、各自おろそかにしてはならない」と述べる。

彼女がそう書いてからさらに学問科学は進歩したが、わたしたちは「想定外」の自然災害にさいなまれている。「地球温暖化」も「エコロジー」も言われなかった時代に、自身の五感を信じて生きてきた人ならではの炯眼《けいがん》は、現在をも見通していたかのようだ。

地質や山の専門家が書くものと、ひと味もふた味も違う滋味があるのは、旅を繰り返しながら、作家が自らの老いとも向き合っていること。

「先年来老いてきて、なんだか知らないが、どこやらこわれはじめたのだろうか。あちこち心の楔が抜け落ちたような工合で、締りがきかなくなった」「なぜこんな年齢になってから、こういう体力のいることへ心惹かれたのか、因果というほかない」と書きながら、残りのエネルギーを巨大な自然に向け、崩壊から生まれた川を「なにかは知らずいたましい」「いとおしい」と擬人化して、心を寄せている。

幸田家は露伴に始まって、文、娘の青木玉、さらにその娘の奈緒へと続く、もの書く人の家である。4代目の奈緒に『動くとき、動くもの』（2002年）という本があり、四半世紀前に祖母がたどった崩れの現場を訪れている。かつてはなかった砂防施設ができている場所もあれば、崩れたままの現場もある。岩だらけの谷をおそるおそる歩きながら、祖母を思う文章がみずみずしい。

（2019年11月5日）

太平洋戦争開戦を受け入れた表現者たち

1941年12月8日

地域女性史を編纂するために、女性たちのライフヒストリーを聞き書きしてきた。明治・大正生まれの人の場合は、問わずがたりに戦争中の話題になった。だが、乏しい食糧、父や夫の出征、疎開、勤労動員、空襲、引き揚げといった被害体験がほとんどで、開戦の日についてははっきり覚えていない人が多かった。当時の記録にあたってみた。

高知県在住の裁判官の妻坂本たねは当時41歳で、毎日のできごとを几帳面に日記につけていた。12月8日は「午前六時　臨時

100歳のお祝いの会で挨拶する野上弥生子

ニュースに西太平洋に於て帝国海軍は英米と戦闘状態に入れりと愈々戦争は開始される事になり午前十一時には宣戦の大詔煥発せられ　刻々とラジオにて報道ありて終日落ち着かず」(小寺幸生編『戦時の日常　ある裁判官夫人の日記』)と書き始めている。

「愈々《いよいよ》」とあるから、この日を予期していたことが分かる。

やはり開戦をラジオで知り、道行く人びとの緊張した表情を短歌で表現しているのは、20代の横浜の小学校教師、森玉江(「森玉江日記」『横浜の空襲と戦災2』)。

〈冷やゝけき朝の空気をふるはしてラヂオは告げぬ英米撃つと〉

〈この朝のゆききの人の面わにも国のさだめを負ひし色見ゆ〉

戦後、原爆作家として活躍する大田洋子は38歳で、東京に住んでいた。

「八日、米英に対して聖なる宣戦が布告されたのだつた。この開戦はびつくりしたり、驚愕の念を抱かせられたものではなく、かくあるべきことが鮮明に具体化されたのだつた。八日は新聞やラジオにくつついてゆき、涙を流し、眼ざめるやうな思ひがし、新鮮な焔を感じた」(「十二月八日の夜」『暁は美しく』)とあって、来るべきものがきたという認識である。

当日は座談会に出席している。その様子をこう描写する。

「覚悟はとつくに出来てゐて、今夜とくべつ声を大きくして叫ぶこともうない思ひからか、どの人も言葉が少い。いままでの覚悟をやや強く、しかも蛇足的にいふだけのことであつた」

予想したことであっても大国米英と戦端を開いたことで覚悟を新たにしたというのだ。

野上弥生子と与謝野晶子の翼賛

戦争に協力しなかった作家として知られる野上弥生子は、戦後公開された日記に、日中戦争について、「この日本のやり方など強盗、押込み以上の行動で、考へると憤りをかんじさせられる」（36年11月22日）と厳しく批判している。しかし、太平洋戦争開始後、雑誌に寄稿した文章はニュアンスが違う（「ただ子供たちを」『婦人公論』42年2月）。「もう一度新しい覚悟をもつて戦はなければならない日がやつて来た。日支事変の際にははじめから不拡大を声明した政府当局が、今度は長い辛抱が要ることを宣戦布告とともに語るのだから、私たちの気構へにもぐつと違ふものがある。味方の飛行機、軍隊はいち早くも敵地の到るところに輝やかしい戦果をあげて突入してゐるのに、私たちが空襲の警報に一夜の夢も破られず安らかに眠り、昼はそれぞれの仕事に平常通り就けるのはなんと云ふ幸福であらう」

公然と戦争に反対するのは無理な時代だが、開戦を肯定していると読める。多くの作家や歌人が戦争賛美の文章を量産しているのに比べれば控えめではあるが。

与謝野晶子（63歳）は、40年春の関西旅行後に脳溢血で倒れて療養中だが、投歌は欠かしていない。『短歌研究』42年1月号掲載のうちの2首。

〈日の本の大宰相も病むわれも同じ涙す大き詔書に〉

〈水軍の大尉となりてわが四郎み軍《いくさ》に往く猛《たけ》く戦へ〉

日露戦争のさなかに発表した詩「君死にたまふことなかれ」で「すめらみことは、戦ひに／おほみづからは出《い》でまさね」とうたって物議をかもしたが、今は開戦の詔書に感涙し、海軍大尉として出陣した4男昱《いく》を病の床から鼓舞する晶子である。

ここに文章を引用した人びとは、声高に戦争を賛美しているわけではないが、やむを得ない成り行きとして受けいれ、戦勝を願って体制に協力する覚悟を示している。それまでの中国との戦いと違い、世界最大の強敵と戦う自衛の戦争という刷り込みが、気持ちを昂揚させたのだろうか。自立してものを考えてきたはずの作家たちが翼賛に傾いている。

その日の朝は晴れあがって寒かったという。今年の12月8日もひんやりと青い空が広がっていた。後に苛酷な被害をもたらすことになる1941年12月8日、開戦の日を人びとはどんな思いで迎えたのだろうか。

既に言論の自由は完全に奪われていた。同じような立場にいたら、わたしも流されたに違いない。踏みとどまるにはどうしたらいいのだろうか。その問いはいま、決して遠くにあるものとは思えない。自問自答しながら一日を過ごした。

（2019年12月13日）

「横浜の大空襲」を記録する小野静枝

火の地図を描いた不気味な液体

横浜大空襲の日の5月29日、市内各地で追悼式典やイベントが行われたが、足元のおぼつかない高齢者の姿がめだった。横浜は三十数回の空襲に遭い、1万人近い市民が命を奪われた。なかでも1945年5月29日は、午前9時20分ごろから約1時間、500機の大編隊でいっせいに投弾を開始した。米軍のB29爆撃機517機から約39万2千発の焼夷弾が投下され、市街

女学生時代の小野静枝。
母の着物で手作りした上衣ともんぺで
被災の日にも着ていた。

が焦土と化した。当時13歳の小野静枝は、中区山下町の横浜市立第一女子商業学校（戦後、市立横浜商業高校、通称「Y校」に統合）の2年生で、学校で卓球をしていた。「B29が来るぞ」という教師の声に、慌てて卓球相手の友と学校を出た。敏捷な友は市電に飛び乗り、「どんなもんだい」と手を挙げてみせたが、それが最期になった。

東横線大倉山の家に帰るため、東神奈川駅で電車の発車を待っていたら、爆音とともに電車が揺れる。飛び下りて防空壕を目指すが、壕内は人でいっぱい。振り返ると電車が火を噴いていた。

炎の中から救い出した青年

以下は高校教科書『新日本史』（家永三郎著）に採録された小野の手記の一部。

「突然、頭上で異様な音がした。ちょうど夕立を思わせるザザーッという音である。ふり仰ぐと、小さな十文字が三つずつ、群をなして煙の間に現れ、煙の中に消える。『これが敵機の編隊だな』と思う。間もなくアスファルトの道路に沢山の筒状のものが、重そうにボトン、ボトンと落ち始めた」

「ドロドロと何か液体を吐きちらす。吐き出されたその液体は、ドロリとしていて、コンクリートといわず、柱といわずへばりついて、アッという間に燃え出す。広い道路のあちこちに火の地図を描き出した。また、その不気味な液体は逃げゆくどこかの婦人の背中にもへばりつき

燃え出し、何か叫んだように思えたが、そのまま道路にころがって助けよう術はない。あるいは
また、その液体は道路に流れ出し、とりもちのように、燃え出しもせず逃げ行く人々の足をとった」「およそ畳一枚に三本から五本位の密度であったと思う。これが焼夷弾であった」

逃げ場を失い呆然と立ちすくんでいたとき、煙の中から現れた青年に手をとられ、火と煙の渦巻く中に突っ込んでいった。時間が消え、気がつくと横浜駅東口の広場だった。

戦後、結婚して生まれた2児の寝顔を見ながら、小野は被災体験を原稿用紙１００枚近くに書き綴ったが、誰に見せるでもなく机の引き出しにしまいこんでいた。

71年5月、「横浜の空襲を記録する会」が結成されるという小さな新聞記事が目に留まった。会場に行くが、気後れして中に入れない。それでもしまっていた手記を事務局に送ったことから会に誘われる。

体験者の手記集めや研究者の現地調査に同行した。その年８月に「東京空襲を記録する会」の呼びかけで全国集会が始まる。そこにも参加するようになった。専業主婦の小野にとっては勇気のいる社会参加だった。

２年後、飛鳥田一雄市長の決断で、横浜市が会に

1945年5月29日、横浜上空のB29

1945年5月29日、横浜上空のB29

委託して『横浜の空襲と戦災』の編集刊行が始まった。事務局スタッフに雇われて毎日出勤、帳簿や資料の整理、訪ねてくる市民への応対もした。

編集関係者は芥川賞作家の郷静子のほかは男性ばかり。「男社会で対等ではなかったわね」と言いながらも「戦災誌はわたしの大学だった」と振り返る。

市民の犠牲をかえりみぬ国

75年から77年にかけ、小野の手記を含む第1巻「体験記」など全6巻の戦災誌が刊行されたが、彼女の仕事は終わりではなく、これが始まりだった。

「記録する会」の活動を続けながら、頼まれて「神奈川県戦災傷害者の会」の聞き取り調査にも当たる。こちらの会は76年結成。戦災傷害者は手や足を失ったり、顔にやけどのあとが残るといった重い傷を負いながら、何の補償もなくひっそりと戦後を生きてきた。その実態調査と援護を目的としている。

軍人・軍属との格差は大きかったが、戦災傷害者を援護する特別法制定の要請に対し、国は「民間戦災傷害者は国の使用人では

小野静枝、1995年

ない」と冷たく突き放した。

小野は聞き取りの仕事が自分にできるだろうかと戸惑う。だが、一歩間違えば死んでいたのに、傷一つなく生き残った。そのわたしがやらなくてはと思う。重い口を開いてもらうために、親睦会のような雰囲気で聞き取ったテープが、４年で40本にもなった。雑談の中の切れぎれの言葉を集めた。「無いはずの手指が疼く」という声もある。神奈川と東京の男女20人の足跡を『その日を生き続けて　空襲による障害者の記録』（85年）にまとめた。

東神奈川を爆撃したＢ29の搭乗員で、撃墜されて捕虜になったＢ・ヤングクラスと妻が96年に来日。急きょ設定された座談会（情報誌『有鄰』３４６号掲載）にも出席した。爆撃の詳細を語るヤングクラスに、小野が「そのときわたしは下にいた」と言うと、ヤングクラスの妻が「ごめんなさいね」と応じた。

「勝っても負けても戦争は残酷で空しい」。小野は座談会をそう締めくくった。

「記録する会」の会員と『伝えたい　街が燃えた日々を──戦時下横浜市域の生活と空襲』を編集・刊行したのは２０１２年。そ

B29元搭乗員を囲む座談会。右から小野静枝、B・ヤングクラス、P・ヤングクラス、今井清一、早乙女勝元（『有鄰』346号、小野静枝提供）

れまでの戦災記録は、被害が集中した地域が中心だった。そこに周辺部をつなぐことで全体像が見えてくるのではないかという考えから、37人の証言を集めている。

戦争の記憶の継承が危ぶまれているが、記録がなければ継承もできない。若い人にも読んでほしいと、貴重な記録を編み続けた小野は、わたしが尊敬する友人だ。報いられる保証のない仕事をなぜこんなに長く続けられたのか。そう聞いてみた。

74年前のあの日、炎の中から連れ出してくれた青年が「この人がいたから自分も生きられた」と呟いた言葉が忘れられないから。それが答えだった。

「見ず知らずのわたしは足手まといだったはずなのに、彼の思いやりだったと思う。一方で国という巨大な集団の力、組織の力がわたしたちを殺そうと思い詰めていた。戦争っていったい何だろうと考え続けて今日まできた」

彼女の深い思いを聞いた日、日米両首脳が海自横須賀基地で護衛艦「かが」に搭乗し、武力を誇示するような映像を観た。晴れがましい表情の裏に、他国はおろか自国の民であっても、その犠牲をいとわない国家の意思が隠されているような気がした。

〈2019年6月3日〉

戦中・戦後の生活者の記録

庶民の戦争史にたどりつくための第一歩

戦争体験をどう継承していくかが問題になっている。戦後75年がたち（２０２０年）、戦争を体験した人々が社会から退場していくからだ。では、体験の継承は難しいのかというと、そうではないと思う。膨大な数の証言が蓄積され、一部はデジタル化もされており、その気になれば、体験者からのメッセージをいつでも受け取ることができる。

１９３１年の満州事変に始まったアジア・太平洋戦争について、その経過や領土の帰趨、為政者や権力者のふるまい、被災面積や死者数、賠償額については、正史とされる歴史書や教科書に書いてある。しかし、戦時下の庶民がどんな暮らしをしていたのか、長い間、わからなかった。

暮らしを軽んずる風潮が強かったからだ。

その実相が少しずつ明らかになるのは、連合国による占領が終わった1950年代後半から。黙って耐えることにならされてきた女たちが、重い口を開き始める。注目されたのは、1959年に出版された鶴見和子・牧瀬菊枝編『ひき裂かれて　母の戦争体験』。「生活記録運動」の流れのなかで、職業的な書き手ではない女たちが、戦争中の窮乏生活や学徒動員や疎開の辛さを吐き出した。戦争体験という言葉もまだ耳慣れない時代、グループで意見交換しながらまとめた「声なき声」の記録である。巻末に鶴見が、個人的記録から庶民の戦争史にたどりつくための第一歩だとしており、この頃から母親運動や原水禁運動などの取り組みのなかでも、さまざまな体験が語られていく。

70年には「東京空襲を記録する会」が結成され、全国各地でも同じような動きが始まる。翌年、「空襲・戦災を記録する全国連絡会議」が発足。自治体も応援した戦災誌が次つぎ刊行された。降り注ぐ焼夷弾の雨をくぐって生き延びた人、火事が迫り家屋の下敷きになった家族を助けられないまま逃げた記憶など、戦災史には庶民の苦しみ、悲しみがいっぱい詰まっている。

女性史の分野では、80年代から地域女性史の編纂が盛んになった。自治体が編んだものから、民間の小さなグループによる自費出版まで、出版の形は多様だが、通史や年表とともに聞き書き集が付いている点は共通している。

わたしも各地の地域女性史編纂に関与し、多くの高齢女性から聞き取りをした。明治から昭和ひとけた世代のライフヒストリーには、例外なく戦争体験があり、そのすさまじさに息をのんだ。

父や夫を戦場に奪われてどんなに心細かったか。国防婦人会で出征兵士を送ったときの高揚感。神国日本が負けるはずがないと信じこまされていた教育の怖さ。一つとして同じ話はなかった。これらは単行本や冊子として各地の図書館や男女共同参画センターに所蔵されている。

唯一の国立女性センターである国立女性教育会館（ＮＷＥＣ）の女性教育情報センターには、80年代以降の女性関連図書が収蔵されており、文献情報データベースで「戦争体験」を検索すると、図書だけで６８５件がヒットする。この検索語ではカウントされない原爆関係の証言集なども合わせると、膨大な手記や体験記が集積されている。

ただ、これらの個人的な経験の記録が、社会の経験として共有されているかというと、そうはなっていない。もどかしい思いがある。さらなる伝える工夫が必要だ。

体験を継承する『戦中・戦後の暮しの記録』

ここで1冊、手に入りやすい体験記として、2年前に出版された『戦中・戦後の暮しの記録』を紹介する。暮しの手帖社の募集に応じて寄せられた体験記２３９０編から約１００編を選んでいる。副題に「君と、これから生まれてくる君へ」とあるように、戦争を知らない若い世代にも理解できるよう、目配りのきいた編集になっている。

手記だけでなく、当時の写真、日記、家計簿、戦場からの絵手紙と、表現形式はさまざま。体験者本人が書いたものだけでなく、子や孫の聞き書きもあれば、父の手記を娘が抜粋して投稿したものもある。ということは、当事者がいなくなっても継承の手だてはあるということだ。

空襲の記録は各地から寄せられている。国民学校の教師だった女性の絵日記には、夫が徴兵されたのち、子どもを抱えての日々がこまやかに綴られていて、戦時下の日常と敗戦、その後の日々がよくわかる。

駐在所の前で鉱山から逃げた「シナ人」が警棒で殴られているのを見てかわいそうだと言って叱られた人、捕虜を警棒で殴らされて辛かったという人もいる。

捕虜だったイギリス人男性本人の手記もある。トンネル工事を監督する日本人班長が「陽気で優しかった」と回想されていてホッとする。

日本軍の戦死者の大半は餓死や病死とされているが、内地で暮らしていた人びとにとっても、本当の敵は飢餓だった。戦中も戦後も食べ物が極端に乏しく、いったん胃袋に納まったものを反芻する能力が身についたという人がいる。その手記のタイトルは、

『戦中・戦後の暮しの記録』

「もう牛に戻りたくない」。満州からの生還者の思い出はどれもむごい。台湾、朝鮮、樺太からの引き揚げも採録されている。

44年、硫黄島が日本軍に接収される。当時14歳だった女性は家族とともに島を追われた。戦争が終わって島に帰れると思ったが、戦後は占領軍に接収され、その後は自衛隊基地ができてしまう。今も島に帰れない。だから「終戦はまだきてないの」と孫に語る。

戦時中の新聞を開くと、かくかくたる戦果が報じられているが、その裏で庶民の暮らしがどれほど困窮していたか、物質的にも精神的にも追い詰められていたか、なにより戦争によってどれほどふつうの暮らしを奪われ、運命が変転したか。この記録を読むと実感できる。個人の権利や命の価値が軽んじられ、弱き者、子ども、女、高齢者、障害者が容赦なく切り捨てられた。それが戦争なのだと、改めてかみしめる。

（2020年8月17日）

資料は「生きた」歴史
軽視・廃棄を恐れる

ベアテ・シロタ・ゴードン展

「記録があるはずだ」「いいえ、記憶にありません」「そんなわけはないだろう」「破棄しました」。そんなやりとりの末に「探してみたらありました」という茶番劇。近年の国会で繰り返された光景だ。

そもそも日本の役所は、国も地方も記録を残すことの大切さ、歴史に対する責任を自覚していない。１９７０年代から盛んになった地方自治体史の編纂・刊行に伴い、ぽつぽつ公文書館や歴史館が設けられたが、ほとんどの自治体は未設置だ。

女性関連資料となると状況はさらにひどいが、近年、進展もあった。10年前の２００９年、国立女性教育会館に女性アーカイブセンターが設けられた。集められたのは、旧文部省主導で戦後実施された静岡県稲取町における「稲取実験婦人学級」資料、文部省の２代目の女性教育課課長、塩ハマ子と彼女のグループが所蔵・収集した資料、全国婦人新聞社取材写真コレクションなど40件の資料群だ。

去年、ここにベアテ・シロタ・ゴードン（１９２３〜２０１２）の資料が加わった。ＧＨＱの一員として日本国憲法の草案作成に携わり、第24条（家族生活における個人の尊厳と両性の平等）草案を執筆した人である。

その後、米国に帰ってジャパン・ソサエティーやアジア・ソサエティーのディレクターとして活躍し、１９９０年代以降、日本の女性団体などの招きに応じて、日本国憲法に関する講演を数百回行った。その姿に接した人も多いだろう。没後、遺族が出身校のミルズカレッジに寄贈した資料のなかから、日本に関するものが引き渡された。憲法制定や日本での講演活動に関する資料である。24条改悪の動きがある現在、これらの資料の意味は重い。なお、お披露目の意味で（２０１９年）４月26日から同館で「ベアテ・シロタ・ゴードン展」が開催される。

ネット時代に応じた動きもあった。

2009年に誕生したWAN（Wemen's Action Network、上野千鶴子理事長）のサイト上に13年「ミニコミ図書館」が開館したことだ。日本のフェミニズムを草の根で支えた女性団体のミニコミ誌を電子化し、公開することで、世界中どこにいても、誰でも、見られるようにした。現在約100誌が収蔵されており、このなかには地域女性史誌も含まれている。

受け皿がない地域女性史資料

受け皿がなくて困っているのは、各地に散在している膨大な地域女性史資料である。80年代後半から女性施策の一環として、各地の自治体が地域女性史作りに取り組んだ。中央ではなく地方の、男性ではなく女性の視点を掲げた。歴史学の専門家だけで編纂する自治体史とは異なり、行政と専門家と住民の三者が協働して親しみやすい女性史を編んだ。さらに日本独特の現象だが、各地に主婦層を中心にした民間の地域女性史研究会がある。2005年出版の折井美耶子・山辺恵巳子『増補改訂版　地域女性史文献目録』には113グループが紹介されている。30年、40年と続いている会もあり、研究誌や通史や聞き書き集を自費出版しているところも多い。家制度のもとで差別、抑圧され、戦争で苦しんできた祖母や母たちの時代を検証し、歴史に位置づけたい。そんな熱い思いの結晶であり、女性たちの歴史運動でもある。

わたしもいくつかの地域の女性史編纂に関わったが、資料収集は困難をきわめた。歴史学も自治体史の編纂者もオール男性という時代が長く続いたから、女性に関する資料は軽視されてきた。こぼれ落ちた細かい資料を地道に拾い集めるところから作業が始まった。しかし、自治体がらみの場合は、編纂事業が終わってしばらくすると廃棄されたり、所在がわからなくなったりした。チラシ、パンフレット、機関紙誌、雑誌、書籍、新聞切抜き、書簡、メモ、多様な原文書のコピー、聞き取りテープなど形態の異なる資料群で、寄贈を希望しても地域の図書館は受け付けない。前述した女性アーカイブセンターは地域のものは扱わない。ミニコミ図書館の方は冊子状のものしか電子化できない。民間グループも会員の高齢化などでどんどん資料が消えていく。興味のない人には、古ぼけた資料はゴミにしか見えない。所蔵者の死亡とともに捨てられるケースが多い。

地域女性史グループ交流の全国集会「全国女性史研究交流のつどい」は1998年、国と地方自治体に向けて「女性史資料の保存・公開についてのアピール」を出した。散逸を防ぐため、資料を整理・保存し目録を作成するよう求め、さらに誰でも利用できるような公的なアーカイブを設け、公開するよう要望した。その後も「つどい」のたびにアピールを出し続けているが、はかばかしい動きはない。

女性史資料は、女たちが営んだ暮らしや思いの集積だ。価値を低く見られがちだが、人々の生きた歴史そのものである。それを軽視し、あるいは、ないがしろにすることは、私たち自身の過去をないがしろにすることにほかならない。

（2019年3月22日）

散逸が懸念される女性史関係資料、保存・公開の動き相次ぐ

ようやく寄贈にこぎ着けた休眠資料

日本は欧米に比べてアーカイブ施設の設立が遅れている。とくに女性史関係の資料を保存する施設がとぼしい。１９８０年代から始まった〝女性史ブーム〟を牽引した研究者や活動家たちが相次いで亡くなる昨今、貴重な資料が散逸することも多く、アーカイブの設立が望まれる。その例として、地域の女性史研究会の資料を未来に向けて保存・継承するための私たちのグループの実践と、女性史研究者・表現者の資料室二つを紹介したい。

１９８８年からわたしが代表を務めている神奈川県の女性史研究グループ「史《ふみ》の会」は、これまでに研究誌６冊と、県にゆかりの女性３５４人のミニ評伝集『時代を拓いた女たちⅠ、Ⅱ、Ⅲ

集』を刊行した。評伝集は地域で多様な活動をした女性たちの遺族や関係者に取材し、資料を集めて執筆した。著名な人ばかりではないので資料収集は困難をきわめた。

それらの資料と電子データ目録を２０１４年に、かながわ女性センター（現・かながわ男女共同参画センター）付属の図書館に寄贈した。ところが翌年、女性センターの規模が８分の１に縮小されて移転。付属図書館は県立図書館に吸収された。書籍や冊子だけでなく、雑誌や新聞記事のコピー、取材テープ、取材メモ、写真、書簡など雑多な形態の資料の集積である「史の会資料」は、ほとんど人目に触れることなく書棚に眠ることになった。

これらを何とか、興味がある人や研究者につなげたいと思い、わたしが資料選定委員をしている国立女性教育会館（ＮＷＥＣ、埼玉県嵐山町）の女性アーカイブセンターに3年越しでお願いして、地域女性史の資料としては初めて寄贈を了承してもらった。予算も人手もないということで、センターのマニュアルに従って史の会会員が半年がかりで３１５７点の資料を整理、デジタル目録データを入力し、22年10月に寄贈を終えた。現在、Ⅰ集とⅡ集の目録は、女性アーカイブセンターの「資料群46」に「史の会資料」として公開されており、ＮＷＥＣのホームページから閲覧できる。追ってⅢ集も公開される予定だ。

ワクワクするような宝の山、高良留美子資料室

詩を中心に、評論、社会批評、小説、女性史研究など多分野にわたる仕事をした高良留美子《こうらるみこ》が88歳で亡くなったのは２０２１年12月12日。翌22年９月、高良が17年間暮らした東京・目黒区の居宅に「高良留美子資料室」がオープンした。

開設者は長女で版画家の竹内美穂子。のこされた資料の中には神奈川近代文学館への寄贈が決まっているものもあるが、公開までには時間がかかるので、24年末までに限定して、ここで公開することにした。「この資料室は、生前の留美子をしのんでくださる場所として、高良留美子について知りたい方、未来の研究者のための場所として、あるいは何かご縁のあることで集まる場所として、学生の方々を含めた皆さまに、お使いいただければ」というのが竹内の思いだ。

高良留美子資料室

高良は20歳で総合文化誌『希望（エスポワール）』に参加して以降、２０２１年に縄文と月の文化を論じた大著『見出された縄文の母系制と月の文化』を出版するまでの膨大な作品群がある。寄贈予定の第一次資料は段ボール箱五つ分あり、詩や小説の生原稿、推敲ノート、未発表の詩の草稿、高良自身が朗読した詩の音源、写真、詩人・茨木のり子や石垣りんの手紙もある。高良に興味がある人にとっては、ワクワクするような宝の山だ。

1950年代から始まる78冊のスクラップブックには、主著以外の詩や文章、それらに対する批評や周辺記事が貼り付けてある。1冊を手にとってめくれば、独自の女性論や文明論を展開した高良の思想世界に誘いこまれる。

本人の著書はもちろん、フェミニズム文芸批評家として関わった書籍、個人で創設し1996年から20回続けた「女性文化賞」受賞者の著書、森田療法の精神科医だった父・高良武久、作家で文芸評論家の夫・竹内泰宏の著書もある。高良が編さんした曽祖母・田島民の『宮中養蚕日記』、母・とみの『高良とみの生と著作』全8巻、画家で平和運動家の姉・高良真木の『戦争期少女日記―自由学園・自由画教育・中島飛行機』、拒食症のため自死した妹・美世子の遺稿『誕生を待つ生命―母と娘の愛と相克』の資料も見ることができる。

資料室では月に1度、オープンデーを設け、高良作品を「読む会」が開かれる。担当スタッフは小園弥生。並木道に面した明るいリビングルームでお茶を飲みながら高良の詩や評論を声に出して読み、感想を言う人もあれば、聴いているだけの人もいる。資料の閲覧も「読む会」への参加も、ホームページから予約が必要。

訪れる人が交差し広がっていく場に、加納実紀代資料室

女性史、ジェンダー史研究者の加納実紀代（1940～2019）は、5歳のとき広島で原爆に遭った。屋内での被爆だったため命拾いしたが、直前まで一緒に遊んでいた男の子は大やけどをして死んだ。その被爆地点である広島市東区二葉の里に近い山の中腹に今年（2023年）3月、「加納実紀代資料室　サゴリ」が開室した。

「サゴリ」は、韓国語で「交差点」を意味する。訪れた人が加納の思考・研究に触れることで交差し、それぞれに広がっていく場として開設したと言うのは、主宰者の高雄きくえ。1985年に広島に「家族社」を設立し、その後「ひろしま女性学研究所」と改称。講座を開いたり、ミニコミ紙を発行してきた。資料室の資金は家族社の代表だった中村隆子基金を充てている。

主宰者の高雄きくえ

森の中の資料室に足を踏み入れてまず目に入るのは、加納の仕事として誰もが挙げる『銃後史ノート』18冊。「女たちの現在《いま》を問う会」で聞き書きと資料調査を積みあげて、もっぱら戦争の被害者として語られてきた銃後の女たちが、国防婦人会などの活動を通じて侵略戦争に加担してきたことを立証。女の戦争責任を問い、女性史研究に一石を投じた。

その後も、日本の植民地だったソウルの陸軍官舎で生まれた生い立ちと、被爆者であるというアンビバレンスから、加害と被害の二重性を引き受けつつヒロシマを問い続けた。

「加納実紀代の仕事」コーナーには、全仕事が一望できる本や雑誌が並んでいる。『まだ「フェミニズム」がなかったころ―1970年代、女を生きる』、『越えられなかった海峡―女性飛行士・朴敬元の生涯』、『天皇制とジェンダー』、『ヒロシマとフクシマのあいだ』、『「銃後史」をあるく』などの単著のほか、共著や編

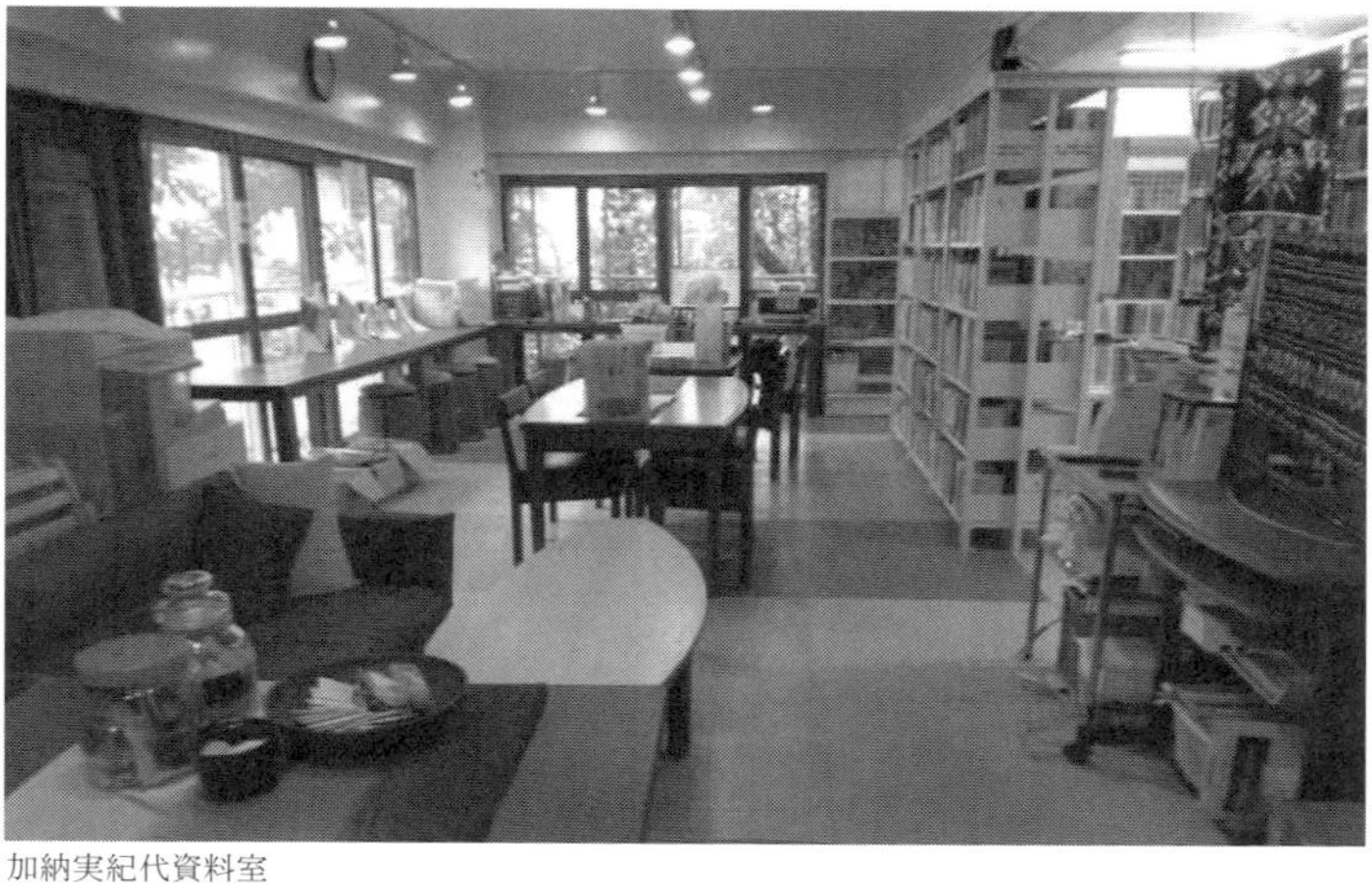

加納実紀代資料室

著も多い。

奥の本棚には、本と雑誌が約８０００冊、Ａ４ファイル資料約１０００点が整理されている。雑誌で珍しいのは、戦時中のプロパガンダ雑誌『写真週報』１８３冊。ファイルにはテーマ別の資料がぎっしり。随所に付箋が挟んであり、書き込みがあり、ファイルのポケットのメモもそのままで、急ぎ足の彼女の息づかいが聞こえてきそうだ。

ひろしま女性学研究所文庫の部屋もあり、１９７０年前後の広島の女性運動、市民運動を記録するチラシ、ビラ、機関紙、新聞コピーなどを見ることができる。

資料室という堅苦しいイメージではなく、ゆったりと時間が流れる空間が心地よい。フリースペースでは40人までの会議も可能、今後は書評会なども開いて、訪ねて来る人とともに「場所」を作っていきたいそうだ。

資料室の開室は、金・土・日・月曜日の13時から19時、ホームページから予約制。

（２０２３年12月12日）

III

政治に挑む

明治150年、「明治の精神」願い下げに

初の女子官費留学生、津田梅子の苦悩

安倍晋三首相は3年前、地元の山口県で支持者を前に話したそうだ。明治50年は長州軍閥を代表する寺内正毅、100年は叔父の佐藤栄作が首相だった。わたしは県出身8人目の首相である。がんばれば、明治150年も山口県の首相になると。

今年（2018年）は明治150年。首相は折から放映中のNHK大河ドラマ「西郷どん」が薩長同盟をえがいたその日、鹿児島県桜島を背景に総裁選立候補を表明するなど、がんばって総裁に三選された。これで、明治改元の日にあたる10月23日も首相の座は安泰になり、政府主催の「明治150年式典」は、長州自慢になるかもしれない。

政府の「明治150年」サイトには「明治の精神に学び、日本の強みを再認識する」「能力本位の人材登用の下、若者や女性が、外国人から学んだ知識を活かし、新たな道を切り拓き」といった文言が並んでいるが、「明治の精神」とは何だろう。能力本位の人材として生かされた女がどれだけいただろう。

首相が今年の年頭所感で女性活躍の例に挙げた津田梅子は、1871年に米国への官費留学生として満6歳で渡航した。しかし、11年後に帰国したときには正式な働き場所もなかった。いったい何のために勉強したのかと、米国で寄宿したアデリン・ランマンに縷《る》縷《る》書き送っている（大庭みな子著『津田梅子』）。男子留学生たちはそれ相応の地位を与えられ、海外の新知識を役立てるような職務についていたのに。

日本の女子教育が良妻賢母主義に傾いているのを案じた津田は1889年、私費で再びアメリカに学んだ。帰国後は女子英学塾（現、

津田梅子。18歳頃

津田塾大）を創立して専門教育による自立した女の養成に力を注ぐのである。

ちなみに幕末から明治時代、多くの官費留学生が欧米に送り出されたが、『幕末明治海外渡航者総覧』によると、男６５６人に対して女はわずかに13人、２％に満たない。しかも能力を生かす受け皿は女子教育分野だけで、政治、司法、官途、いずれの道も固く閉ざされていた。

男性民権家も女の民権には無関心

津田が再渡米した翌１８９０年には、自由民権運動が要求してきた国会が開設されたが、選挙制度が理不尽きわまりない。国会議員の選挙人も被選挙人も国税15円以上を納めている男に限られ、女には参政権がなかった。そればかりか日本最初の議会が開かれる直前に公布された「集会及政社法」は、女は政党に入ってはいけない、政治集会を催してはいけない、聴いてもいけないと、徹底して女を政治から閉めだした。

薩長の専制政治に対抗して国会開設や憲法制定を求めて闘った民権運動の担い手の男たちも、女の民権には無関心だった。全国の民権グループが作成した私擬憲法草案（民間憲法草案）が多数ある。その中でもきわめて人権意識が高いと評価されているのが、現あきる野市の学習グループが作成した五日市憲法草案。

先年、あきる野市を訪れた美智子皇后（現、皇太后）が「19世紀末の日本で、市井の人びとの間にすでに育っていた民権意識を記録するものとして、世界でも珍しい文化遺産ではないかと思います」と発言し注目された。しかし、多くの条文を人びとの権利にさいているこの草案でも、未成年者、無産者とともに成人女性には選挙資格を認めていない。女を人として扱わない、そんな「明治の精神」は願い下げにしたいものである。

その後、明治末期の社会主義者の運動、それを引き継いだ市川房枝、平塚らいてうら新婦人協会のねばり強い運動によって、1922年に政治集会を主催したり傍聴する権利だけは回復したが、参政権も結社の権利も敗戦後までお預けだった。

無権利状態が長く続いたため、政治は男がするものという意識が根強く、政治的にマイノリティーの状態は今も解消されていない。野田聖子らが超党派で立ち上げた議員連盟が主導して「政治分野における男女共同参画推進法」（候補者男女均等法）が今年（2018年）5月16日、やっと成立した。国会議員や地方議員の選挙候補者数をできるだけ男女均等になるよう各党に努力義務を課す法律だが、強制力はない。今後、各党の人権感覚がどれほどのものか、問われることになろう。

〈2018年10月2日〉

渡米前の5少女（右から2人目が津田）

「平成」最初の参院選で女性22人当選

史上初、女性2人が入閣

平成最後の年を迎えた（２０１９年）。平成とはどんな時代だったのだろう。話すときも書くときもわたしは元号を使わないが、時代を読むのに30年は区切りがいい。女性史の視点で過ぐる30年間を振り返ってみたい。憲法がうたっている男女平等社会がどれだけ進んだのか、進まなかったのか。

女性史で平成最初の年のビッグニュースは、７月23日投開票の参議院議員選挙である。国政選挙で初めて与野党が逆転し、女が22人も当選した。その多くが土井たか子社会党委員長が擁立した人で、与謝野晶子の詩「そぞろごと」を踏まえた名文句「山が動いた」が有名になった。生まれたての女性議員がずらりと並んだ写真を眺めながら、政治の変化を感じて、わたしも胸を熱くした。

女性議員の進出は、ウーマンリブや国際女性年をきっかけにして性別役割分担を見直そうという女たちの地道な活動の結果だが、思わぬ追い風もあった。この年、リクルート事件と消費税の導入で政治不信が高まり竹下登内閣が総辞職し、参院選に向け登場したのが宇野宗佑首相。

ところがこの内閣は、69日しか持たなかった。内閣誕生直後に週刊誌が首相の買春を報道、国会で野党議員が追及し、女性団体が次つぎと抗議声明や公開質問状を出した。欧米の有力紙も首相のセックススキャンダルを報じた。

そのさなかに始まった参院選の遊説で、追い打ちをかけたのが堀之内久男農相の「女性には政治は無理」という趣旨の発言、正確には「女性は政治の世界では使い物にならない」という侮辱的な表現で、7月23日選挙で自民党は大敗。宇野首相が辞任に追いこまれた。

女性スキャンダルはまだ続く。宇野首相の退陣で急きょ登板したのが海部俊樹首相。女性有権者の支持を回復しようと、経企庁と環境庁の長官に女を起用した。女性2人の入閣は史上初である。ところが女房役の山下徳夫官房長官が、交際していた女に300万円を渡したのは口止め料ではないかと週刊誌に報じられた。あっさり認めて辞任したのが内閣発足後2週間余り。海部首相は森山真弓環境庁長官を官房長官に横すべりさせ、女性初の官房長官が誕生した。女性閣僚を内閣の人気取りや延命策に起用することは、このあともしばしば見られる。「初」を手放しで喜んではいられない。

「女性問題」の２つの使われ方

それにしても、これまでも首相経験者や大物政治家の女性スキャンダルが表面化したことはあるが、「浮気は男の甲斐性」とうそぶくような古い感覚が生きているのが永田町。メディアも政治家の下半身の問題は知っていても書かないのが不文律だったというから、男同士のなれあいだったのだろう。その不文律を破らざるを得なかった背景には、女たちの異議申し立てがある。

高度経済成長を経て70年代、日本人男性による韓国のキーセン観光などセックスツアーが目に余るようになった。それまでは「売春」のみが問題にされてきたが、むしろ買う側を問題にすべきだとして「買春」という用語を女たちが生みだした。読み方も「かいしゅん」として80年代後半には国語辞典に掲載され、のちには児童買春処罰法という法律名にも採用されている。言葉が定着したことで、買う側の行動と意識の問題性をあぶり出すことになったのである。

言葉の使い方で30年間変わらなかったのは「女性問題」。本稿でわたしは元首相の買春事件を「セックススキャンダル」と書いたが、当時この事件を報じるメディアのほとんどが「女性問題」としていた。ここまで見てきた買春やセックススキャンダルは、第一義的に、男性側の問題であるのにもかかわらずだ。「女性問題」にはもう一つ、別の意味がある。

女の社会的地位は低く、政治、教育、労働などの分野で差別、抑圧されている。それが社会的な問題であるという認識である。長い間、婦人問題と言われてきたが、70年代以降、公的機関が婦人を女性と言い換えるのにともない女性問題に変わった。今も「女性問題」は二つの意味に使われている。後者、社会問題としてのそれが前面に出てこないのは、多くの人が「性差別という女性問題」に気づいていないか、気づいても問題にしないからではないだろうか。

「#ＭｅＴｏｏ」運動、財務事務次官のセクハラとそれを援護する政治家の発言、大学医学部の入試における女子差別などの成りゆきをみると、取り組まなければならない女性問題は山積みである。週刊誌『ＳＰＡ!』の「ヤレる女子大生ランキング」に至っては売らんかな商法の下劣の極み。書くのもいやになる。平成は政治家の買春スキャンダルに始まり、女性差別で終わるかにみえる。それではあまりにも情けない。

この30年間、政策決定の場への女性の進出は進んだが、外国と比べるとはるかに遅れている。閣議や国会を見ると、男だけで政治を動かしているとしか思えない。いびつな風景を変えたい。国会や地方議会に女が当たり前にいる風景を見ることで、女の地位を高めようとする意識も生まれてくるはずだ。今年は、参院選と地方議会選がある。「山が動く日」の再来を心から願う。

〈２０１９年１月24日〉

「政治参加は女子の本分に背く」のか

候補者男女均等法ができても

あまり話題にならなかったが、Ｇ20大阪サミット２日目の６月29日、「女性の活躍推進」をテーマにした首脳特別イベントが開かれた。安倍晋三首相は「さまざまな発展段階にあるＧ20の国々が一致して女性の活躍推進の取り組みを進めていくことが、Ｇ20全体のさらなる発展の大きな推進力となる」として、各国の積極的な取り組みの必要性を訴えたが、本心だろうか。

おざなりの発言にしか聞こえないのは、７月４日の告示で届け出た参議院議員選挙の立候補者数による。選挙区には定員74人に対し２１５人、比例代表には定員50人に対し１５５人が立候補した。党派別の女性比率を示すと次のようになる（カッコ内は女性候補者の実数）。自民党14・６％

（12人）、公明党8・3％（2人）、立憲民主党45・2％（19人）、国民民主党35・7％（10人）、共産党55・0％（22人）、日本維新の会31・8％（7人）、社民党71・4％（5人）。

女性の全立候補予定者は104人で、全体に占める割合は過去最高の28・1％になったが、政党差が大きい。与党の自民は15％割れ、公明に至っては1割にも満たない。国会や地方議会の選挙で男女の候補者数をできる限り均等にするよう政党に求めた「政治分野の男女共同参画推進法」（候補者男女均等法）が成立したのは2018年5月。今年4月に行われた統一地方選挙では、女性議員がどれだけ増えるかに関心が集まったが、結果は微増に終わった。

今回の参院選は、候補者均等法の制定以来、初の国政選挙である。各党の取り組みに注目したが、与党がこのていたらくでは「均等」にはほど遠い。法をつくっておきながら、なぜ守らないのか。政治塾を開くなど積極的なサポートをしなければ、女性はなかなか政治に進出できない。口先だけでやる気がないのが見え見え、政治家の言葉があまりにも軽い。

「治警5条改正」を要求して市民運動

なぜ政治の男女格差は縮まらないのか。さまざまな理由があるが、最も大きな壁は「政治は男がやるべきもの」という意識が根強いことだろう。男性中心社会で形作られてきた意識が法的に制度化され、固定化されたのは、129年前の1890年に公布された「集会及政社法」である。

女子は政治集会の発起人になってはいけない（第3条）、参加してもいけない（第4条）、政治結社に加入してはいけない（第25条）。ないない尽くしの悪法で、政治に対する女性の目も耳も口も封じたのだ。この法律は1900年に治安警察法（治警法）に改められるが、女性を政治から排除する条項は5条にそのまま引き継がれた。

大正時代に「治警5条改正」を要求して市民運動を展開したのは市川房枝や平塚らいてう。市川は『市川房枝自伝（戦前編）』の第1章に、次のように書いている。「私の生まれたのは明治二十六年（一八九三）五月十五日だが、この時期は明治憲法公布四年後で、婦人の政治活動を禁止した集会及政社法公布三年後であった」。自身の誕生を、女性に対する政治的差別、桎梏の歴史の中に位置づけている。

1920年3月、市川と平塚は一緒に「思想家の時局観」という政談演説会を聴きに行った。早めに行って会場にもぐりこみ、最後列で傍聴していたが臨検の警察官に見つかり、つまみ出された。翌日には警察への出頭を命じられ、検事局に書類送検されたという。当時、活躍し始めた女性新聞記者も演説会の取材ができなかった。女性記者たちも後押しをして請願運動が実り、22年に治警5条が一部改正された。政談集会を主催したり、聴いたりする自由だけは獲得した。しかし、政党に入る権利や参政権を得ら

新婦人協会総会、1920年（右端は市川房枝、左端は平塚らいてう）

れたのは敗戦後のことである。

ちなみに世界で最初に女性参政権を獲得したのはニュージーランドで１８９３年だった。去年、現職のジャシンダ・アーダン首相が産休をとってニュースになった国である。日本は世界で64番目、アジアで15番目。現在も政治分野におけるジェンダー・ギャップ指数（男女格差）は世界１４９カ国中１２５位の後進国である。

先に書いた集会及政社法公布後に開かれた第一回帝国議会で、民権派議員が男も女も同じ人間なのだから男に認めた自由を女にも認めるべきだとして、同法の改正案を提出した。これに対して政府委員の清浦奎吾は、女は家庭を守るものであり、政治参加は女子の本分に背くなどと反対。民権派の植木枝盛は「婦人を侮辱したるもの」と発言。衆議院では可決されたが貴族院で審議未了になった。１２９年後の今も清浦に代表されるような明治時代と変わらぬ古い頭の持ち主が少なくないようだ。

同法が公布されたのは１８９０年７月25日、女性が侮辱された日を肝に銘じて21日の投票に行こうと思う。

（２０１９年７月５日）

政権の看板だった「女性活躍」どこへ？

女性の就労は増えたけれども

安倍首相が辞任表明をするより前の7月30日、自民党の議員連盟「女性議員飛躍の会」（稲田朋美共同代表）の会合に、二階俊博幹事長が出席した。「これからの自民党の伸張は女性の数にかかっている。国会で男性と対等の数を占めれば、日本の政治は良くなる」、党も努力すると語ったという。下村博文選対委員長（当時）も、党所属の国会議員と地方議員に占める女の割合に関し、期限を切って数値目標を定める方針を示したという。へぇえと、半信半疑で読んだ。

まもなく総裁選が始まったので、女性候補を期待したが、60歳以上の男ばかり3人。これまで自民党の総裁選に出馬した女は小池百合子だけで、それ以前も以後も、女はスタートラインにさえ立てないのだ。

記者会見やインタビューをテレビでじっくり見たが、すっかりしらけてしまった。出来レースで結果がわかっているにしても、3候補が語る政策や将来展望からすっぽり女性政策が抜けている。質問する記者やキャスターも男が多く、安倍政権の看板だったはずの「女性の活躍」にほとんど関心を示さない。菅政権が安倍政治を継承するというなら、女性活躍政策の経過と結果について、しっかり検証し、今後に向けたビジョンを示さなければならない。

2015年には女性活躍推進法（女性の職業生活における活躍の推進に関する法律）ができた（19年改正）。仕事で活躍したいと希望する全ての女性が、個性や能力を十分に発揮できる社会の実現を目指したというが、それを実感している女性がどれだけいるだろうか。

就労する女は、たしかに増えた。就労を支援するために、待機児童を減らす施策を進め、保育の無償化も実現した。その結果、女の労働力率が結婚や出産で離職によって低下する「M字カーブ」は緩くなったというけれど、内実は安い労働力としてのパートやアルバイト、非正規雇用が増加したにすぎない。労働力不足を補うためにともかく女に働いてもらい、それによって個人消費も伸ばそうという経済戦略でしかなく、女の個性や能力を発揮させる政策ではなかった。不安定雇用であったから、新型コロナウイルスの感染拡大で多くの女が職を失った。

出産、育児に関する閣僚や自民党議員らの発言

閣僚や自民党議員が出産・育児に関して「女性活躍」と矛盾する発言を頻発したのも第二次安倍政権だ。思い出してみよう（役職はいずれも当時）。

13年、安倍首相が「3年間抱っこし放題」の育休延長を企業に要請したが、女性の育児負担を重くしかねないこと、また長期育休後の職場復帰は難しいことから反発を買った。菅官房長官（福山雅治の結婚を機に）「ママさんたちが一緒に子どもを産みたいとか、そういう形で国家に貢献してくれればいいなと思う」（15年）。山東昭子議員「子どもを4人以上産んだ女性を厚生労働省で表彰することを検討してはどうか」（17年）。加藤寛治議員（結婚する男女に呼び掛けていることとして）「必ず3人以上の子どもを育てていただきたい」（18年）。萩生田光一幹事長代行「赤ちゃんに『パパとママ、どっちが好きか』と聞けば、ママがいいに決まっている。『男女共同参画社会だ』『男も育児だ』とか言っても、子どもにとっては迷惑な話かもしれない」（18年）。二階幹事長「子どもを産まないほうが幸せじゃないかと、勝手なことを考えている人がいる」「皆が幸せになるために子どもをたくさん産み、国も発展していこうじゃないか」（18年）。平沢勝栄議員（性的少数者LGBTについて）「この人たちばっかりになったら国はつぶれちゃう」（19年）。麻生太郎財務相（日本人の平均寿命が延びたのは）「年寄りが悪いみたいなことを言う変なのがいっぱいいるけど、それは間違いだ。子どもを産まなかった方が問題なんだから」（19年）。桜田義孝議員

「お子さんやお孫さんにぜひ、子どもを３人くらい産むようにお願いしてもらいたい」（19年）。

まだあるけれど、この辺でやめておく。いずれも前時代的な家族観に根ざす発言だ。子どもを産む、産まないは個人の選択であって、他人に指図されるものではない。その根本がわかっていない。「国家のために産め」と言うに至っては、戦時中の「産めよ殖やせよ」政策と同じだ。19年に生まれた子どもの数は初めて90万人を下まわった。こんな社会では子育てをしたくない。そんな選択が集積した結果だろう。

20年までに女の管理職比率を30％にまであげようという長期目標もあっさり諦めてしまった。結局、安倍政権の「女性が輝く」政策の下で、いい意味でも悪い意味でも、誰よりも活躍したのは、安倍昭恵だったかもしれない。

しばしば指摘されるように、世界における日本のジェンダー・ギャップ指数の順位は下がり続けて、20年は１５３カ国中１２１位、日本のメディアが「人権がない」と盛んに批判する中国の１０６位より下である。Ｇ７では日本だけが１００位以下に沈んだ。日本の次に悪いのはイタリアだが、それでも76位だ。この調査による閣僚の女性比率は１３９位、国会議員は１３５位。菅新政権がすぐにでも実行できるのは女性閣僚を増やすことだったが、蓋を開けてみれば女性閣僚はたったの２人。安倍政権の最後の３人から、増えるどころか減らしてしまった。問題意識すら欠如しているのではないか。

（２０２０年９月17日）

ツイッターデモと「声なき声の会」が示すこと

政治意志表明の場を求める市民たち

政府・与党が検察庁法改正案の採決へ向かっていた5月8日、ツイッターに「#検察庁法改正案に抗議します」が投稿された。それはたちまち拡大し、芸能人や著名人らの投稿も相次ぎ、1千万に及ぼうとするオンラインデモになった。発案者は広告会社に勤める30歳の女性「笛美さん」（ニックネーム）。それまでは政治に興味のない人生を送ってきた人だという。

これで思い出すのは60年前の安保闘争の折、「声なき声の会」を立ち上げた小林トミである。彼女も当時30歳で、初めて街頭デモに参加したのだった。

1960年6月の東京は騒然としていた。5月19日、政府が改定日米安保条約を衆議院で強行採決した。前年から続いていた反対運動が、この日を境に様相が一変する。「岸信介内閣退陣」「国会解散」を求める声が強くなり、連日、国会や首相官邸にデモ隊が押しかけた。労働組合員や学生ら組織された集団だけでなく、多くの一般市民が加わってくる。それでも岸首相は記者会見で「私は『声なき声』にも耳を傾けなければならぬと思う。いまのは『声ある声』だけだ」と述べた。デモ隊以外の世論は政府を支持している。そんな驕りを露わにした言葉だった。

6月4日は安保反対運動をリードしてきた安保改定阻止国民会議の統一行動日だった。早朝、国労（国鉄労働組合）を中心に560万人がストに参加、昼頃から夜にかけて13万人が国会周辺に押し寄せた。千葉県柏市に住む画家の小林トミは、緊張と不安な面持ちで学者・文化人らの「安保批判の会」のデモの後ろについた。虎ノ門から国会議事堂に向かって友人と2人で歩き始める。手に持っている横幕にはこんなことが書いてある。「総選挙をやれ!! U2機かえれ!! 誰デモ入れる声なき声の会　皆さんおはいり下さい」（U2機とはアメリカの偵察機。当時、厚木飛行場に配置）。すぐに少年と母親が、続いて沿道にいた人びとがついてきた。

「一緒に歩きましょう。誰でも入れるデモです」と呼びかける。何気ない顔で入る人、ニコニコしながら列に加わる人…。そのうち誰かが横幕を持つのを交代してくれて、新橋で解散する頃には300人以上のデモにふくれあがっていた。

べ平連につながる市民運動の原型

勢いづいた小林は国会近くに戻り、思想の科学研究会の鶴見俊輔や政治学者の高畠通敏らと出会い、再び横幕を掲げて歩き出す。また大勢の人が入ってきた。米大使館前で座り込みをしているとき、紙をまわすと、次々と住所が書きこまれ、たちまち200人もの名簿ができあがった。無党派の市民グループ「声なき声の会」誕生の瞬間である。その後、会によるデモは、6月だけでも5回行われたが、19日、新安保条約が参院での採決なしで自然承認されると、反対運動はたちまち鎮静化していく。それより前、6月15日に抗議のため国会構内に入った東大生の樺美智子が亡くなっていた。ショックを受けた小林は、会を継続する。

代表はおかず、小林が事務局の役割を担って、1カ月に1回市民集会を開き、お互いの声の交換の場として『声なき声のたより』を発刊した。

毎年6月15日には、樺が落命した国会南通用門に献花した。千人近くになる年もあれば9人しか来ないときもあったが、彼女がこだわったのは、ごく普通の市民が気軽に参加できる集まりだった。党派や組織には距離をおいた。

今の政治はおかしい、だけど、どうしたら意思表示できるか

「声なき声の会」のデモ。左の隅の女性が小林トミ。
1960年6月4日

わからない。ジグザグデモや大声でシュプレヒコールを繰り返すデモは敷居が高い。そういう人たちに政治参加の回路を提供した。

メンバーだった鶴見俊輔らが65年に「ベ平連（ベトナムに平和を！市民連合）」を始める。会員の多数を占める主婦たちは、各地で高校全入運動や保育所作りといった生活に根ざした運動に取り組んでいく。だから「声なき声の会」は市民運動の原型とされている。小林は、２００３年に亡くなるまで「たより」の宛名書きなどを続けた。会は今も継続している。

リアルとバーチャルの融合を

「＃検察庁法改正案に抗議します」のツイッターを始めた笛美さんに、47ニュースの編集部が書面インタビューしている（5月23日公開）。それによると、フェミニズムへの興味から政治へと関心が広がったが、政治デモに参加するのは怖かった。それでツイッターへの投稿を思いつき、政治ビギナーに発信しやすい言葉を選び「＃検察庁法改正案に抗議します」の投稿になったのだという。

それまで政治に無関心だった一人の女性が起こした誰でも入れるデモ、誰でも声をあげられるＳＮＳ。普通の市民が政治的意思を表明する場をどれほど求めているか、時代を隔てた二つのムーブメントが教えてくれる。

笛美さんはツイッターに、「ＳＮＳのおかげで、誰だって声をあげていいし、声をあげれば周りの人が連帯してくれる時代になりました。次はあなたが声をあげる人になってください」とも書いている。

世界のどこにいても声をあげられるし、フォロワーになれるオンラインデモは今後、政治参加のツールとしてトレンドになるだろうし、政治家も無視できないだろう。世代を超えて運動を継続していくためには、バーチャルな方法は必須になる。

だが、コロナ禍を理由に小人数の集会や路上デモも自粛させられたここ数カ月の状態はやはり異常で、市民運動にとっては大きな痛手だった。

草の根の学習会や集会は軒並み、取りやめか延期になった。沖縄が本土に復帰して48年目の「5・15平和行進」も中止になった。60年安保の節目になる6月の関連行事の開催も危ぶまれている。８月の原爆記念日の行事も縮小の方向と伝えられる。

人と人が実際に出会い、時代の風景や社会の空気を共有しながら、意思一致できることを丁寧に探して、その意思を政治や行政にぶつける。デモをすれば、自分たちが立ち向かう権力や権威の実力を、警官による規制という形で実感する。

こうした段階を一つずつ経験することは、ＳＮＳでは難しい。バーチャルな意思表示とリアルな運動の融合・止揚は、どのようにして可能なのか。民主主義の実現のために手放してはならない課題だと思う。

（２０２０年6月2日）

『市川房枝の国会全発言集』を読む

現職で亡くなるまで5期25年の議員活動

今年（2020年）は女性参政権が実現して75年。敗戦の年の11月に治安警察法が廃止され、女性の政治活動が自由になった。今では考えられないことだが、この法律は女性から結社の自由を剥奪していたのである。12月には衆議院議員法改正が公布され、国政選挙での選挙権と被選挙権がようやく認められた。翌46年の第1回総選挙で女性議員39人が当選している。それから74年、現在の衆議院の女性議員は46人で、わずか7人増えただけだ。現内閣の女性大臣は2人である。と

『市川房枝の国会全発言集』

いっても、女なら誰でも議員や大臣が増えればいいわけではない。

性暴力被害をめぐって「女性はいくらでもうそをつけますから」と発言した杉田水脈議員のように、女性自身を貶めるようであってはならない。先に歩いた女たちが、長い闘いの末に得た権利の上に、議員自身の今があるということに思いを致してもらいたい。

大正時代から女の参政権獲得運動の先頭に立ってきた市川房枝は１９５３年４月、参議院議員に初当選し、81年2月に現職で亡くなるまで、途中落選した3年間を除き、５期25年間議員を務めた。その国会活動の記録『市川房枝の国会全発言集　参議院会議録より採録』を読んだ。Ａ４判６８８ページ、５段組の大冊で、市川の生誕１００年を記念して、92年に市川房枝記念会出版部から発行されたものだ。

本会議及び各委員会における２３２回の発言が記録されている。１８９０年の国会開設以来あまたの国会議員がいるが、全発言が一冊になっているのは稀有なことと思われる。

市川は無所属で小会派だったため、希望する委員会に属することができず、質問割り当て時間も短かった。その少ない持ち時間のなかで、短く核心をついた質問をして相手から答えを引き出すため、綿密にデータを集め、万全の準備をして会議に臨んでいる。

議員活動は多岐にわたり、１９５０年代には党派を超えて衆参女性議員の懇談会を組織し、売春防止法を成立させた。その後も女性の地位向上と政治の浄化・理想選挙の実現に執念を燃やした。公営ギャンブルに反対する立場からの発言も多いが、ここでは女性の地位向上に関する発言をみる。

人権問題から出発し、人権問題で締めくくる

59年3月24日の参院予算委員会。当時の岸信介内閣には、女性大臣どころか女性の政務次官もいなかった。国家公務員の上級試験の女性合格者が増えているのに、官庁がその半数ぐらいしか採用していない。公立の小中学校の女性校長は終戦直後より少なくなっている。女性を軽く見ているのではないかと追及した。

こののちも繰り返し、中央省庁の局長や課長、大公使、政府関連の審議会に女性を起用せよ、口約束ではなくて目に見える施策をと、ときの内閣に迫っている。組織の意志を決定する地位に就く女性を増やすことこそ、女性問題の解決への近道だという強い信念を持ち、その発言が実現に結びついていく。

60年、池田内閣で中山マサが厚生大臣になった。初の女性大臣である。しかし、中山と彼女を起用した内閣に対する市川の評価は厳しい。60年12月13日の本会議ではこう追及した。中山は大臣として役所にいるよりも、「看板娘として、同僚議員及び党の

参議院予算委員会で質問する市川、1975年

選挙運動に引っ張り回されることが多く」、大臣として勉強し、その職務を果たすことがおろそかになった。これは内閣や党の責任だ。しかも総選挙を経た第2次池田内閣ではクビになった。「選挙が済んで用がなくなったからなのか」。

国際婦人年の75年6月、市川は国会で全党派参議院女性議員を代表して「国際婦人年にあたり、婦人の社会的地位の向上をはかる決議」の趣旨説明をして、全会一致で採択させた（75年6月18日・本会議）。女性の地位向上を求める決議は国会史上、初めてのことだった。

政策を実現するには予算の裏付けが必要であることも熟知していた。政府が３２４９万２２５９円も使って国際婦人年の新聞広告をだしたが、どれだけ効果があるのか。婦人年の行事を担当する労働省婦人少年局の事業費予算は２２００万円。これと比べ、多額の広告費はもったいないと指摘している（75年3月25日・予算委）。政府も国際婦人年国内行動計画を策定し、9月に総理府内に婦人問題企画推進本部を設置した。しかし、本部長の首相以下、本部員は全員男性という体制だった。市川は、婦人問題を語るのに婦人が一人も入っていない矛盾を繰り返し突いている（76年4月30日・予算委など）。

長年要求してきた女性大使が実現したのは80年。高橋展子《のぶこ》がデンマーク大使になり、同年コペンハーゲンで開かれた第2回国連世界女性会議で女性差別撤廃条約に署名する。以後、この条約の批准に向けて国内の女性政策が進展した。

内閣が交代するたびに、市川は首相の女性観を聞き、大平正芳総理との応答は話題になった。

大平の娘が女性誌に、父は昔から口癖のように「おなごは勉強せんでいい、可愛い女になれ、そして早くお嫁に行きなさい」と言っていたと書いた。79年1月31日の本会議で、それを取り上げた。総理は今もその考えなのか。「もしそうだとしたら、総理にはもう一つ、婦人問題企画推進本部長という職がおありになりますが、その方の資格は足りない、落第だ。（中略）現在の婦人観、あるいは本部長としての決意を伺いたい」と迫った。大平は娘の証言を認め、私は女性を尊敬している、男女平等の確保に努力すると答弁したが、女性観の古さは明らかだった。

市川の最後の国会発言は、80年12月18日の法務委員会。のちに富士茂子のえん罪が確定する「徳島ラジオ商殺し事件」の再審問題を取り上げた。5日前に出されたばかりの徳島地裁の再審開始決定を評価し、その努力と勇気に対して敬意を表しつつ、この決定にあらがう地検の即時抗告は納得できないと述べた。

膨大な発言集をまとめた元国会図書館職員の山口美代子は「解説　国会質疑にみる市川房枝の国会活動」で、「(売春防止法という）人権問題から出発した市川の国会活動は、人権問題でしめくくられた」と総括している。

政治の基礎には何があるべきか。男女を問わず、政治学を学ぶ学生や政治家を志す人たち、格差や差別の解消を願う人たちに、読んでほしい1冊である。

（２０２０年10月7日）

国際女性デーの国連議決を無視し続けた政府

市民運動と政府の対立

毎年、3月8日の国際女性デーには、政府の男女共同参画相が「国際女性の日に寄せて」というメッセージを発表する。政府の担当相が女性デーにメッセージを公表するようになったのは、長い女性解放運動の歴史の中ではごく最近のことだ。国際女性デーを提唱したクララ・ツェトキンの研究者、伊藤セツの『国際女性デーは大河のように』（2019年増補版）に基づいて、流れを振り返りたい。

戦前の日本では、国際女性デーは女性社会主義者の主張と見なされ、政府は一貫して記念行事を阻んできた。敗戦から1年半、1947年3月9日に「女性を守る会」が提唱して、日本における戦後最初の国際女性デー（当時は「国際婦人デー」）が皇居前広場で開催された。50年には、国際婦人デー実行委員会が日比谷野外音楽堂で中央大会を開き、１万人が参加する。

以後、今日まで中央大会は連綿と続いている。また地方の実行委員会も、時代に応じたスローガンを掲げながら集会を開いてきた。これらは社会主義女性たちの戦前からの運動を引き継ぐもので、革新政党と市民団体による女性運動といえる。一方、１９４７年に国は、女が初めて参政権を行使した4月10日を「婦人の日」（のち「女性の日」と改称）とした。市民運動と政府の対立は長く続いた。

国際女性年の１９７５年、国連が動き、３月８日を記念日とした。さらに77年の国連総会で「国連デー」として議決する。ただし「各国の歴史的、民族的伝統、および慣習に従って、１年のいずれかの日を女性の権利と国際平和のために、国連の日と定めること」とし、各国の事情に

1950年の国際婦人デー、日比谷野外音楽堂

も配慮している。これがエポックとなり、3月8日前後に各国でさまざまなイベントが行われるようになったが、日本政府は77年の国連議決を棄権、無視し続けた。

ジェンダー平等と世界平和を希求する日

日本政府に動きがあったのは2010年の民主党政権時代。3月5日に福島みずほ少子化・男女共同参画相が「国際女性の日に寄せて」というメッセージを男女共同参画局ホームページに発表。この年は、中央大会だけではなく、市民グループが呼びかけた「東京ミモザパレード」もニュースになった。国連総会でも同年「UN Women（国連ウィメン）」が設立され、のち日本にもNPO法人の国連ウィメン日本協会ができて、女性センターなどと共催事業を行うようになる。

自民党政権に戻ってからも、毎年3月8日に男女共同参画担当相が「国際女性の日に寄せて」というメッセージを発表するのが慣例になった。有村治子（15年）と片山さつき（19年）も担当相のとき、メッセージを寄せている。有村は女性デーのメッセージで「各々の希望に応じ、女性が、家庭や地域においても、職場においても、個性と能力を充分に発揮できる社会を目指しています」と述べ、片山も「全ての女性が、自らの希望に応じ個性と能力を十分に発揮できる社会を実現することは、我が国の最重要課題の一つ」と積極的に見える。だが、夫婦同氏の強制が女の自立と活躍をはばんでいることは、認めない。

政府・自民党の国際女性デーへの取組みは、このように本気度を疑わせるが、民間では近年、「#ＭｅＴｏｏ」運動などが広がるなか、政党にも宗教にもこだわらない団体やグループが、平等で多様性ある社会に向けて活発に動いている。前米大統領のトランプが女や性的少数者、有色人種に対して差別的発言を繰り返したのに抗議して米国で17年に始まったウイメンズマーチ（女性大行進）は、日本でも3月8日に行われていて、今年も実施予定だ。

２０１９年からは東京証券取引所で「女性活躍のための打鐘セレモニー」が行われるようになり、企業の取り組みも目立ってきた。しかしよく見ると、単なる商品の宣伝販売にすぎなかったり、花やお菓子を贈る日といった捉え方だったり、国際女性デーの趣旨を理解していないと思われる企画も少なくない。ジェンダー平等と世界平和を希求する国際的な連帯の日であることを忘れないでほしい。

いまコロナ禍で非正規・不安定雇用の女性が追い詰められている。つながりを失った家庭で、女性へのＤＶや虐待が激化していても、周囲には見えない。女や若者の自殺が増えているとも、報じられている。

女に関わる状況の深刻化は、子どもや障害者ら社会的弱者の生きづらさと底を通じている。国際女性デーを、そのような社会的弱者について知り、連帯し、行動を起こす機会にしたい。だれよりも、このことを主管する男女共同参画担当相に、それをお願いしたい。（２０２１年3月4日）

民主主義と呼べぬ日本の政治

女性排除の体質露呈した森発言

東京五輪・パラリンピック組織委員会の森喜朗会長が2月3日（2021年）、日本オリンピック委員会臨時評議員会で、「女性は会議で長く話しすぎるため、女性が多い会議は時間がかかります」と発言。女性蔑視発言だとして炎上している。国内だけでなく、欧州の在日大使館や欧州連合からの「黙ってないで」「男女平等」などのハッシュタグをつけたSNSへの投稿が広がっている。2月7日には日本オリンピック委員会が入る東京都新宿区のビル前で、森会長の退任を求める人たちの抗議行動「サイレントスタンディング」があった。

こんな反応がある一方で、7日のテレビ朝日「サンデーステーション」で評論家の田原総一朗が「森さんの家はね、完全なかかあ天下よ」と擁護したのにはあきれた。森の家庭が女性優位かどうかという問題ではない。公人としての発言が問題なのである。キャスターやコメンテーターがどの程度、ジェンダー（社会的性差）から自由か。彼らの意識や感覚もあぶり出されてくる。

問題が大きくなったのは、「女性の理事がいると会議が長くなる」という発言に加えて、とりあえず開いた「謝罪会見」の態度が、自分の誤りを理解しているとは到底思えないという印象を与えたからだ。心の中は何も変わっていない。ほとぼりが冷めれば、平気でまた同じような発言を繰り返すにちがいない。多くの人がそう思った。しかし、これは森会長だけの問題ではない。スポーツ界だけでなく、日本社会全体のジェンダー後進性を象徴する出来事とみるべきだろう。森会長は政治の世界で、位人臣を極めた人である。その政界こそが、女たちの挑戦を、厚く、高い壁ではね返し続けていることを想起しなければならない。

わたしたちはこれまで、保守政治家や枢要な地位にある人たちから、どれほど女性蔑視発言を浴びせられ続けてきたことだろう。森会長はかつて「子どもを1人もつくらない女性の面倒を、税金でみなさいというのはおかしい」と言った。職場で女性にハイヒールやパンプスを強制することについて「社会通念に照らして業務上必要かつ相当な範囲かと思う」と述べた大臣もいた。極め付きは「女性は産む機械」という当時の厚生労働相の発言だろう。そのつど批判の声があがるが、形ばかりの謝罪会見をしたり、開き直ったりして、本人も自民党も乗り切ってきた。

男女共同参画社会基本法の精神

男尊女卑思想が盛んだったのは近世の武家社会。女は無知で従属的な存在であり、男よりも劣ると捉えられていた。明治になって欧米から近代的な思想が輸入されても、政治の中枢は士族（旧武士層）が占めていたから、古い女性観は法や政治制度の根幹を貫き、牢固として揺るがなかった。

戦後、新憲法の制定や民法の改正によって、参政権や教育の機会均等、家制度の廃止といった男女平等の法的基礎が築かれた。しかし、うわべの制度が変わっても、社会的な差別と差別意識は簡単には崩れない。長い時間をかけて１９９９年６月、ようやく男女共同参画社会基本法が公布された。前文は男女共同参画社会の実現を「21世紀のわが国社会を決定する最重要課題」と位置づけ、次のように敷衍している。

「男女が、互いにその人権を尊重しつつ責任も分かち合い、性別にかかわりなく、その個性と能力を充分に発揮することができる男女共同参画社会の実現は、緊要な課題となっている」

森会長はこの法律が公布された当時、自民党幹事長の職にあった。与党の要にいて、法案の審議から成立まで立ち会い、趣旨もよくのみこんでいたはずだ。それなのに、会議における女の存在が邪魔だと言わんばかりの言葉は、なんということだろう。そういう意識の人を要職につけて「余人をもって代え難い」とする日本社会のありようが悲しい。

『女性のいない民主主義』が勧めるクオータ制

日本は民主主義の国だと、ほとんどの人が思っている。しかし、公的領域を男性が占め、女を排除してきた日本の政治は、本当に民主主義と呼べるのか。政治学者の前田健太郎が２０１９年に刊行した『女性のいない民主主義』（岩波新書）は、こうした問題意識から、政治に切り込んでいる。

政治学の代表的な学説を紹介しながら、それらにジェンダーの視点が欠如していることを指摘する。たとえば「政治の基礎となるのは、政治共同体の構成員による話し合いである」とされているが、そこに女がほとんど参加できておらず、話し合いに基づく政治が行われていない。法的には男女平等でも、それは男による支配であって、実質的には不平等なのではないかと述べる。では、真の民主主義国になるにはどうすればいいのか。一つは男女の割り当てを決める「クオータ制」を導入して女性議員の数を増やすことだという。自民党政権が続くとしても、国会議員の男女比が均等に近づけば、女と男の両方に目配りをした政策が選ばれることになっていくだろうと。

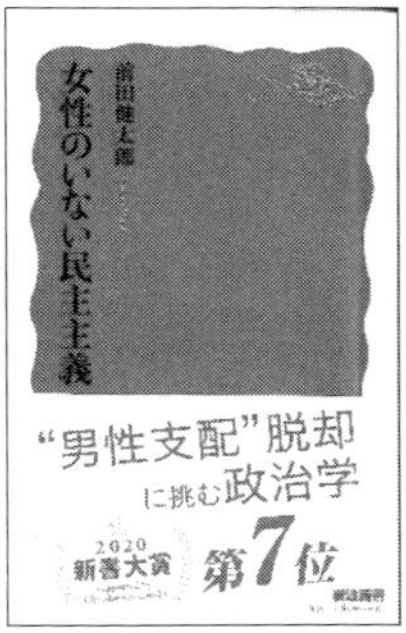

そして「おわりに」で、「男性として、極めて標準的な、『主流派』の政治学の伝統の中で育った」自分が「ジェンダーの視点を導入することで、これまでは見えなかった男女の不平等が浮き彫

りになり」「今までは民主的に見えていた日本の政治が、あまり民主的に見えなくなる」経験をしたと明かす。著者にとってフェミニズムとの出会いは「驚きの連続であった」と。

1980年生まれ。研究者として気鋭の著者は、古いパラダイムにしがみつくことなく、新たに手にしたジェンダーという概念の鋭い切れ味を喜ぶ。「想像もしない角度から自分の世界観を覆されることは、反省を迫られる体験であると同時に、刺激に満ちた体験でもあった」。

男女平等に向かう歴史の足どりは一直線ではない。らせんを描き、行きつ戻りつしながら、それでも前に進むだろう。その歩みを進めるのは、著者のような人たちであろう。

（2021年2月9日）

IV

家族の形を問う

「産めよ死ねよ」への回帰か

結婚や出産は国のため？

今年（２０１８年）は厚生労働省の前身にあたる厚生省がスタートして80年になる。日中戦争開始の翌１９３８年で、やがて「産めよ、殖やせよ」という有名なスローガンを作って、国のために子どもを産む「出産報国」を奨励することになる。これを意識したわけでもないだろうが、政治家の出産をめぐる発言が目立つ。

直近は6月26日、自民党の二階俊博幹事長の「この頃、子どもを産まないほうが幸せじゃないかと勝手なことを考える人がいる」という発言。これには前段があって、「戦前の、みんな食うや食わずで、戦中、戦後、そういう時代に『子どもを産んだら大変だから、子どもを産まないようにしよう』といった人はいない」、「みなが幸せになるためには、子どもをたくさん産んで、国も栄えていく」と言ったという。

5月には加藤寛治衆院議員が党派閥の会合で、自分は結婚式の挨拶でいつも「ぜひとも3人以上、子どもを産み育てていただきたいとお願いする」と述べたうえで、「結婚しなければ子どもが産まれないから、人さまの子どもの税金で運営する老人ホームにいくことになる」と暴言を吐いた。批判されて「失言」だと撤回したが、本音であろう。同席の議員たちの中に、これを制止する人も諫める人もいなかったというのにも驚く。

これらの言葉は、そのまま戦時中に発せられたものだとしても違和感がない。共通しているのは、結婚や出産は国のためにするものだという考えに基づいていることだ。

産む産まないは、個人の自由

冒頭に触れた厚生省に話を戻そう。この行政機関は内務省から分かれて、健兵対策としての保健政策と、戦争のあと始末（傷痍軍人や軍事扶助、遺族の援助など）をする軍事を目的としてできた省である。

保健政策とは何か。当時の日本の乳児死亡率はきわめて高く、また青年期の結核のせいで死ぬ人が多く、人口が増えない。その原因を除く手だてがとれないところから、歩留まりを考えて

「たくさん産ませろ」ということになった。しかし、たくさん産んでも、病気でどんどん死んだし、せっかく大人になるまで育てても兵隊にとられて死んだ。妊婦の死亡率も高かった。つまり「産めよ、死ねよ」の保健政策であったということになる。

二階幹事長がこれを知って、「戦中は…」と発言したのだとしたら、そのうち戦争が始まるのを見越して、多産を奨励しているのではないかと疑いたくもなる。

改めて言うまでもなく、産む、産まないは個人の自由である。幸福の追求のしかたも、人それぞれ。少子化で困っているから、社会のため、国のために産むのではない。新3本の矢政策で、2025年までの「希望出生率1・8の実現」などと政府が目標に掲げるのではなく、個人の選択を尊重すべきだ。国家のためという考えの行きつく先は、「一億玉砕してもお国を守る」という狂気につながる。

産みたいと思っても、あまりにも障害が多すぎる。職場では妊娠や出産を理由にした降格や違法な解雇、雇い止めなどのマタニティハラスメントが絶えない。地方では産科医が不足して、安心して出産できない「お産過疎」が増えている。両親が共働きをするには保育園が足りない。長時間労働もなくならない。夫たちは、妻とともに育児を担う覚悟がないから、妻に産んでほしいと言えない。

先に挙げた政治家たちが今すぐに取り組まなければならないのは、これらの障害を取り除いて安心して母になり、父になる社会を作ることだ。

堺利彦の１００年前の主張

産む、産まないの選択の自由を、１００年も前に主張した人がいる。社会主義者の堺利彦で、『世界人』（1916年2月号）に発表した「産む自由と産まない自由」である。

「貧乏人の子沢山」という嘲笑的な言い方があった頃で、不節制の結果、子がたくさん産まれて貧乏になり社会に迷惑をかけると言われた。それならばと避妊が流行して人口増加率が減少してくると、避妊不道徳説が出てきた。その理由を堺は説明する。

「実は多数の貧乏人が必要だ。賃金の安い労働者も必要である。戦争の為には多数の兵士も必要である。そこで人口の増加率が減少しかけて来ると、何とかして之を防止する方策を講ぜねばならぬことになる。そこで避妊不道徳説が出て来た」。今日にも通じる分析で、最後をこう結んでいる。「子供を産みたくない時には産まぬ、産みたい時には産む、そして産む以上はそれが為に生活の困難に陥らぬよう、社会が十分の保護をして呉れるのが当然だと主張したい」

（2018年7月13日）

ノーベル賞、「内助の功」は必要か

キャリアを捨てて夫を支える女性

「私は典型的な亭主関白として研究にまい進してきました」。イマドキ珍しい「関白宣言」をしたのは、今年（2018年）のノーベル医学・生理学賞に選ばれた本庶佑京都大特別教授。記者会見に同席した妻滋子は「私も大学で理系を選び、研究の大変さは知っていた。ここまで主人を支える側に回りましたが、受賞が決まり、支えてきたこともしょうがなかったかな」と語った。

喜びの言葉の裏に、自分も研究を続けたかったという思いがにじむ。近年の同賞受賞者の記者会見は妻同席が多くなり、妻もメディアでクローズアップされる。受賞者は異口同音に妻への感謝の言葉を述べ、ノーベル賞受賞にはまるで「内助の功」が必須とも受け取れるイメージが拡散する。

日本が特にそうなのかどうか。例えば、2014年の医学・生理学賞は、脳内GPSを発見したノルウェーのエドバルド・モーセル、マイブリット・モーセル夫妻の共同受賞だった。どちらが家庭を受け持ち支えるという構図ではない。日本は世界でも上位のノーベル賞受賞者を出しているのに、女はゼロ。世界でも女性受賞者は少ないが、日本にはそもそも理系の女性研究者が育つ土壌がない。

日本初の理系女性博士は、1927年に日本産石炭の植物学的研究が認められて、東京帝国大学から理学博士号を授与された保井コノ。戦前の理学博士号取得はこの保井以外に9人しかいない。理学の中でも物理学と数学専攻の理学博士の誕生は戦後になる。

9人の女性博士は、本人のひたむきな努力に加え、性別ではなく能力・意欲で評価する男性指導者や大学人との出会いで研究生活を続けることができた。戦後の1949年から新制大学に女子も入れるようになったが、長らく女子に理系は向かないという通念がまかり通っていた。現在、60代から70代の女の四年制大学進学率は10％以下で、理系はそのうちの2～3％にすぎない。

女子の高学歴は「嫁入りの邪魔」と喜ばれず、理系は特に忌避された。理系が得意なのに「家政学部か文学部なら」と進学を許された人が、わたしの周辺にも複数いた。その中で理系を選択し、さらに研究者への道に進んだ人は貴重な存在なのに、結婚や出産が理由で研究を諦めたとすれば、かえすがえすも惜しい。

理系の女性研究者が少ないのはなぜか

1976年、司法研修所の教官が女の司法修習生に対して暴言を吐いた。「男が命をかけている司法界に女を入れることができないというのが私の信念だ。研修が終わったら家庭に入り良い妻になれ。司法試験に合格して親ごさんは嘆かなかったかね。僕は勉強する女は大嫌いだ」

ことは司法界に限らない。そして過去の出来事になったわけでもない。今もさまざまな分野に同じ考え方がはびこり、制度や組織の運営を左右している。最近で言えば、東京医科大が受験生の点数を操作し女子の合格者を抑えていたという事実もそれに当たる。

女性医師が出産を経て働き続けるのは困難だから「性差別もやむを得ない」とする意見があるが、劣悪とされる現場の方を変えればいいのだ。大学や病院の雇用者は、出産や育児の期間、女性医師が労働力として「効率」が悪いからと切り捨てず、女性が働きやすい環境を整えることに努力すべきだ。家事育児を男女がともに担うことも、当然のことにならなければならない。生命を支え育てるという経験は、性別や職種にかかわらず、人生と仕事を豊かにするはずだ。

研究者の話に戻る。「リケジョ」という言い方が広がっているように、理系に進学する女子は増加傾向にあるが、研究者は少ないままだ。女性研究者の割合の国際比較（内閣府の2018年版『男女共同参画白書』概要版）によると、トップのアイスランドは47・2％、英国38・6％、米国33・4％。日本は15・7％で、韓国の19・7％を下回り、堂々のビリである。女性研究者の前には、採用から昇進・管理職への登用に至るまで厚い壁が立ちはだかる。

自然科学系の基礎的な研究成果を得るには、地道に根気よく、時間をかけて研究を続けることが必要だ。ノーベル賞受賞者たちはそう口をそろえる。女たちは昔から、機織りや家内労働・家事労働を受け持ち、こつこつと地味な作業を続けてきた。その潜在能力を発揮できる環境整備が望まれる。

まもなく今年の文化勲章受章者の発表がある。昨年までの受章者３６７人中、女は22人。多くは芸術分野で、理系の研究者は２０１６年受章の遺伝学者太田朋子のみ。女性理系研究者のロールモデルになるような人の受章を期待したい。

（２０１８年10月22日）

「昭恵夫人」は責任回避の呼称か

気になる男女の呼び分け

国会における議員の呼称が気になる。議長や委員長が発言者を指名するとき、男女を問わず「君」付けで呼んでいるからだ。１８９０年の第1回帝国議会以来だそうだが、女の政治参加をいっさい認めなかった時代の慣習をそのまま踏襲していていいのだろうか。

接尾語としての「君」は、同輩や目下の人に使用することが多い。明治時代には書生言葉でもあったことから、主に男に対して使われる。しかし現代の一般社会では、男女の別なく「さん」付けで呼びあうのが普通である。

国会で初めて男女ともに「さん」を用いたのは、１９９３年に女性初の衆議院議長になった土井たか子だった。目が覚める思いだった。「尊敬の念を持って呼んでいる」と土井は語っている。２０１８年には、衆院予算委員会で女性初の委員長になった野田聖子が「さん」付けで指名して注目された。だが、どちらもあとが続かない。

　地方議会でも見直しの動きがあり、男は「君」、女は「さん」と使い分けたり、男女とも「議員」と呼ぶところもあるが、なかなか広がらないようだ。男女共同参画を進めるうえで、また議会と一般社会の垣根を低くするためにも、呼称から議会改革を進めてほしい。

　メディアが用いる呼称も影響が大きい。議員のような社会的地位のある人については、新聞は「さん」ではなく主に「氏」を用いているようだ。そうすると、土井たか子氏、野田聖子氏とすることになる。

　そもそも「氏」と「さん」の区別は何が基準なのだろう。敬意をこめる場合に「氏」を用いるのであれば、それ以外の人は敬意を払われていないことになる。

　男は「氏」、女は「さん」と、新聞は長いあいだ性別で呼称を使い分けてきたが、現在は男女とも「さん」が主流になった。しかし、今も訃報欄などで使い分けしている記事もあって、抵抗を感じる。

　最近の例では、ジャーナリストの伊藤詩織が性暴力を受けたとして元ＴＢＳ記者山口敬之を告訴し、東京地裁で勝訴したことを伝える記事。伊藤「さん」、山口「氏」と繰り返し書いてあり、悪いことをしたと認定された山口に敬意が払われているようで不快だった。少し前までメディアに頻出していた「福原愛ちゃん」や「石川遼君」にも違和感があった。大人に伍してアスリートとして堂々と活躍しているのに、年齢が低いから「ちゃん」「君」呼ばわりはないだろうと。近年は若くても、男女ともほぼ「さん」に統一されたようだ。

「○○夫人」は男の付属物？

もう一つ、気になる呼称は「夫人」である。[*]社長夫人、教授夫人、夫人同伴などと使われ、夫の付属物というニュアンスが強い。メディアではさすがにほとんど使われなくなったが、1990年代までは「サッチャー夫人」、「(アウンサン) スーチー夫人」、女子テニス選手の「ビリー・ジーン・キング夫人」などという表現がまかり通っていた。

彼女たちは誰かの妻としてではなく、自身の活躍や業績によって報道対象になっているにもかかわらず、である。しかし調べてみると、偉人伝の定番「キュリー夫人伝」は今でも多くの出版社から発行されており、「マリ・キュリー伝」としているのは数点にすぎない。

戦前は社会的地位のある男の妻が公的な団体のトップになるケースが多かった。「○○男爵夫人」、「○○知事夫人」などと呼ばれ、愛国婦人会などの官製団体のトップとして戦争協力をリードした。しかし、この種の夫人たちは、本人の実力でその地位を得たわけではない。だから戦後はそれを逆用し、「なりたくてなったわけではない」と戦争責任から逃げた。

近年、メディアを賑わしているのは安倍晋三総理大臣の妻の「昭恵夫人」である。森友問題や「桜を見る会」など、歴代総理夫人のなかで動向が突出している。公務員のスタッフを身のまわりにおき、総理夫人の肩書きで講演したり、さまざまな団体の役職を務めたりしてきた。なのに、都合が悪くなると、公人ではなく私人だといって夫のうしろに隠れてしまう。

夫の付属物ではなく、自立した社会人という自覚があるのなら、立場に伴う責任をとってもらいたい。その第一歩として、なにはともあれ「桜を見る会」の「昭恵夫人枠」招待客の名簿を公表するべきではないか。

「夫人」と呼ばれることで、戦前の「夫人」たちと同様、逃げ切ってしまうことなど、あってはならない。

（２０２０年１月17日）

＊ 宮内庁が、天皇・皇后が主催する園遊会で、招待資格者の配偶者の名札にも、招待状の宛名にも名前を記載すると発表した。これまでは「○○夫人」「○○夫君」と記載していたのを、２０２４年から改める（『朝日新聞』２０２４年８月31日）。

選択的夫婦別姓、未だ男性司法の壁厚く

法制審議会が夫婦別姓を答申したけれど

夫婦別姓に関心が高まったのは、18年前の1991年2月10日『朝日新聞』朝刊に「遠からず夫婦別姓が選べるようになることはほぼ確実」という記事がある。法制審議会の身分法小委員会が夫婦同姓を強制している民法750条の見直しに着手したことを受けた内容だ。

日本は85年に国連の女性差別撤廃条約を批准しており、夫婦同姓の強制は条約違反になる。* さらに女の社会進出が進んだことから見直しが始まったのだ。この頃、ひとりっ子同士のカップルが、もうすぐ夫婦別姓が認められるからと、表札にも郵便受けにも2人の氏名を堂々と並べていて、うらやましいと思った。わたしが結婚した60年代には、妻は夫の姓を名乗るのがあたりまえ。

違和感がありながら、相手と話しあうこともせず社会通念に従ったのをあとで悔いた。

5年後の96年、法制審議会が答申した民法改正案は「夫または妻の姓」に加えて「各自の結婚前の姓」も選べる「選択的夫婦別姓」だった。しかし、答申を受けた政府は改正案を国会に提出しなかった。当時の与党・自民党から異論が出たためだ。その後、何度か国会提出の動きがあったが、反対意見があり実現しなかった。

国会が改正しないのなら司法に訴えるしかないと、2011年に5人の原告が国を被告に夫婦同姓を強制している民法は違憲だとして東京地裁に提訴した。1審の東京地裁も、2審の東京高裁も請求棄却で敗訴。15年12月、最高裁大法廷判決は「旧姓使用が社会的に広まっており、戸籍名に変わることでの不利益が一定程度緩和される」などを理由に合憲と判断。96年答申からの「失われた20年」が取り戻せるかと期待した多くの人々をがっかりさせた。このときの最高裁裁判官15人のうち10人が合憲判断で全て男。一方、違憲とする意見を述べたのは女3人を含む5人。アタマの古い男が司法を牛耳っている限り絶望的なのかと思わせた。

わずか100年余の歴史なのに

今も根強い別姓反対理由の一つに夫婦同姓は日本古来の伝統だとする主張がある。だが、勘違いしてはいけない。同姓の強制は1898年施行の明治民法で初めて決められたことで、たかだか100年余の歴史でしかない。それまでは政府の方針（太政官指令）は夫婦別姓であった。

反対派は夫婦は同姓でなければ家族の一体感が失われるというが、家族は姓だけでつながっているわけではない。大切なのは愛情と信頼だ。別姓だと子どもがかわいそうだともいうが、事実婚や離婚で別姓になるケースも多い。そういう場合でも子どもが差別されない社会を目指すべきだろう。

いま政府は、夫婦は同姓を名乗るべきだが、結婚前の姓を通称として使用できるようにする旧姓使用容認に傾いている。しかし、旧姓が使えるかどうかは所属する組織次第になってしまう。例えば結婚後も旧姓使用を望んだ私立高の女性教師が、高校に戸籍姓を強制され人格権を侵害されたとして16年に起こした訴訟では、東京地裁が違法性なしとして請求を棄却した。個性を大事にする教育現場だからこそ個々の生き方が尊重されるべきなのに。このときの裁判官3人も全員男。判決の内容は最高裁判決より後退している。

職場で旧姓使用が認められたとしても、口座、保険証、各種免許症などは戸籍名でなければならない。妻の姓に改姓した男4人が昨年、国を相手に訴訟を起こした。

原告の1人の会社社長は旧姓との使い分けで苦痛を感じている。職場では旧姓のままだが、改姓によって保有株式の名義書き換えに多額の費用がかかるなど、さまざまな負担が生じたという。日本人と外国人との結婚や離婚、日本人同士の離婚では個人が姓を選べるが、日本人同士の結婚だけそれぞれが姓を選ぶ規定がないのは法の下の平等に反するとする。

このような男性側からの異議申し立ては珍しいことで、女の側に身をおいて初めて弱者の痛みがわかったということだろう。今も96％の妻が夫の姓を名乗っているのは、女は男に従うものだという意識が抜けないからだ。リベラルを自任している男性諸氏に問いたい。妻から「わたしの姓に変えて」と言われたらハイハイと従いますか。別姓が認められないとなれば、非婚率はますます高まるのではないか。

多様性が求められている今日、家族の形も多様であっていい。法律婚で同姓と別姓の夫婦、事実婚、国際結婚、同性婚、非婚、シングルマザーやシングルファーザー、複数の男女の共同生活といったライフスタイルの選択肢は多いほうがいい。

先の最高裁判決は国会で議論するべきだとボールを投げたが、国会では全く論議が進まず、結果として無為に過ぎている。女性国会議員は旧姓使用が多いようだが、不便を感じていないはずがない。党派を超えて手を結び、選択的夫婦別姓の実現に力を尽くしてほしい。支持母体などに気を使わずに。

（２０１９年２月６日）

＊　２０２４年10月、国連の女性差別撤廃委員会は、日本の女性政策を審査する会合を開き、夫婦同姓を義務づけた民法を改正し、選択的夫婦別姓の導入を勧告した。しかし政府の担当者は、「国民の意見や国会の議論を注視しながら、司法の判断も踏まえ、さらなる検討を進める」と述べるにとどまり、推進方針を示さなかった。

「わたしだけの名」を奪う制度は終わりに

改姓が嫌なら結婚できないのか

女の姓の問題を考えるとき、いつも思い出す詩がある。新川和江の「名づけられた葉」。曲がつけられ、合唱コンクールでもよく歌われる。その第1連。

「ポプラの木には　ポプラの葉／何千何万芽をふいて／緑の小さな手をひろげ／いっしんにひらひらさせても／ひとつひとつのてのひらに／載せられる名はみな同じ〈ポプラの葉〉」

樹木のポプラの葉のそれぞれには名前がなく「ポプラの葉」としか呼ばれない。では人間である「わたし」は？

「わたしも／いちまいの葉にすぎないけれど／あつい血の樹液をもつ／にんげんの歴史の幹か

ら分かれた小枝に／不安げにしがみついた／おさない葉っぱにすぎないけれど／わたしは呼ばれる／わたしだけの名で　朝に夕に」

わたしは、わたしだけの固有の名を持っている。最終の第3連は、だから自分の個性を輝かせて自分らしく生きる方法を考えなければならないと決意する。

「だからわたし　考えなければならない／誰のまねでもない／葉脈の走らせ方を　刻みのいれ方を／せいいっぱい緑をかがやかせて／うつくしく散る法を／名づけられた葉なのだから　考えなければならない／どんなに風がつよくとも」

ところが、日本の女たちは今も、結婚によって「わたしだけの名」を捨てざるを得ない状況に追いこまれる。民法７５０条が夫婦に同一の氏を名乗るように強制していることに加え、日本はいまだに家制度の名残があるからだ。それが嫌なら結婚を諦めるか、事実婚を選ぶしかない。事実、ことし1月の国会代表質問で選択的夫婦別姓導入を訴えた国民民主党代表に「だったら結婚しなくていい」とやじが飛んだ。杉田水脈議員の声だったと指摘された。

しかし、事実婚には相続などでさまざまな不利益がつきまとう。現行の不妊治療助成制度は事実婚の場合は受けられない。こうした現実もあって、妻たちの96％が「わたし」の固有の姓を捨てている。そうすると、それまでの社会生活において、旧姓で蓄えてきた成果や実力も見えにくくなる。例えば、研究の積み重ねが評価される女性研究者は、結婚して姓が変わると、自らの業績として評価されず、別人の研究成果と誤認されかねない。

速やかな法改正を望む

教育学者の関口礼子が旧姓（関口）使用を求めて勤務先の図書館情報大学を提訴したのは１９８８年。１審は敗訴したが、98年に東京高裁で研究・専門分野での旧姓使用が認められ、和解した。以後、女性研究者は旧姓で仕事をする人が増えた。

一般企業で働く女たちからも「結婚で姓が変わる不便さを解消してほしい」という声が高まり、96年に法相の諮問機関である法制審議会が、夫婦が別の姓を名乗る民法改正案を答申した。しかし、自民党内の反対が強く国会に提出されなかった。

２０１５年には男女５人が夫婦同姓制度を違憲だと訴えた訴訟で、最高裁が「家族の姓を一つに定めることには合理性がある」と合憲判断をする一方、「制度のあり方は国会で論じ、判断するもの」と立法の場での解決を求めた。

政府は15年末に閣議決定した第４次男女共同参画基本計画で、民法改正に向けた検討を進めることとしたが、議論が進まないまま。19年から住民票やマイナンバーカードなどに旧姓を併記できるように制度変更した。しかし、どこでも自由に旧姓を使えるわけではない。各種の契約や手続きに旧姓使用を認めるかどうかは、企業や行政機関に委ねられている。根本的な解決にはなっていないのだ。

現在、世論は明らかに選択的夫婦別姓に傾いている。今年（2020年）1月に朝日新聞が実施した世論調査によると、69%が賛成で、反対の24%を大きく上回った。男女別だと女の71%が賛成、50代以下の女の8割以上が賛成と答えた。

12月には菅義偉内閣で第5次男女共同参画基本計画が閣議決定されるはずだ。それを見据えて、10月9日、橋本聖子男女共同参画担当相が、第5次基本計画に、選択的夫婦別姓を盛り込むことに前向きな方針を示した。

自民党の下村博文政務調査会長も「どのように時代の変化に対応していくか、党内の適切な組織で議論してもよい」と述べているが、この言葉の前段には「伝統的な価値観と家族観を大切にしながら」と留保を付けているから、議論の行方は楽観できない。

1990年代末にもいよいよ民法改正かと盛り上がりながら、自民党の反対で改正案が国会に提出されなかった。あのときと違うのは、地方議会が選択的夫婦別姓制度についての議論を求める意見書を、続々と可決していることだ。神奈川県議会などは自民党議員が提案して可決されており、このような動きが今後加速し、政府を後押しするのではないかと思っている。

新川和江の詩が言うように、一人一人が「わたしだけの名」を持つから、精いっぱい生きるのだ。その名を奪ってはならない。「女性活躍」を掲げるなら、いつまでも前例や旧習にこだわらず、速やかに法を改正して、女たちが生き生きと生きる環境を整えてもらいたい。

（2020年1月26日）

高齢者介護の担い手は今も女

「高齢化社会をよくする会」が介護の社会化を提言

流行のパンツルックやロングスカートでランウェイに現れたのはシニア女性たち。デザイナー仕立てのファッションで颯爽と歩く。満員の会場から歓声と拍手がわき起こった。1984年9月8、9の2日間、「高齢化社会をよくする女性の会」と神奈川県が共催した「フェスティバル・女性がつくる老後の文化」。江ノ島の県立婦人総合センターを舞台に、シンポジウムや座談会に料理教室やファッションショーまで組みあわせて、多角的に老人問題を考えようという催しで、全国から延べ3500人が参加した。

当時、50歳過ぎの女のファッションは明らかに若者のそれとは異なっていたが、代表の樋口恵子らが披露したのは年齢不詳の服。あれから三十余年、今ではジーンズやダウンジャケットを娘と共有するシニアも少なくない。おしゃれだけでなく元気な高齢女性が増えた。

だが、こと高齢者介護となると、するのもされるのも女が多数派で、介護が女性問題であることは、30年前も今も変わっていない。女の方が寿命が長いから、介護されるケースが多いのは必然としても、する側が女に偏っているのは当然でも必然でもない。「高齢化社会をよくする女性の会」が発足したのは83年。それより5年前の78年の厚生白書が、老いた親と子の同居を「我が国の福祉における含み資産」と書いたのがきっかけだった。嫁に老親の世話をさせれば安上がりという発想で、この提言への怒りから女たちのネットワークが全国に広がった。

介護・看護に関する初めての全国調査は、91年に総務庁統計局がまとめた「社会生活基本調査」だった。

ふだん介護・看護をしている人は約357万人で、男約112万人・女約244万人と女は男の倍以上。このうち自宅で介護する人は257万人で72%を占める。中心は中年女性で、睡眠、仕事、余暇の時間が削られ、大きな負担になっている実態が明らかになった。専業主婦だけでなく、働きながら親の介護にあたっている女も多い。

地方自治体が「模範嫁」「孝行嫁」を表彰

家族の看病のために退職する人の多くが女。早い退職は女の無年金、低年金につながる。しかも1人暮らしの老人も多くが女だ。家族介護の果てに、長い老いを貧しく生きることになる。ならば、介護の社会化を急ぐべきだが、むしろ、「模範嫁表彰」「孝行嫁さん顕彰条例」が増加する傾向にあった。

前記の会が全市区町村を対象に96年度の「家族介護者表彰制度」の実施状況をアンケートしたところ、3100余りの市区町村のうち31%が表彰していた。「献身的」「犠牲的」「昼夜をいとわず」と、たたえる対象のほとんどが息子の妻。ご褒美に贈られるのは表彰状とアルバムや鍋だった。

全国の府県史を見ると、明治末年頃から自治体や地方改良団体が盛んに孝子や節婦を表彰しているのがわかる。節婦の場合はほとんどが貧しさに喘ぎながら舅姑、あるいは夫の介護に尽くした女である。女は一家の世話をするのが本分であるとする家制度下の性別役割規範が、20世紀末になっても根強く残っていたことになる。

「高齢化社会をよくする女性の会」のシンポジウム、1989年

しかし、高齢化は急速に進み、「化」がとれて高齢社会と称するようになった93年頃、政策の意思決定の場へ一定程度、女が進出したこともあって、ようやく介護の社会化が政策課題になる。97年に介護保険法成立、２０００年には介護保険制度が出発した。介護保険法1条は、要介護者の「尊厳を保持し、その有する能力に応じ自立した日常生活を営むことができるよう」「国民の共同連帯の理念に基づき制度を設ける」と宣言、画期的な変革を目指した。

アンペイドワークの延長に低賃金

制度が定着するにつれ、介護施設に男性職員の参入が増えた。そこで顕在化したのが介護労働者の低賃金。女が家庭内で介護を担っていたときはアンペイドワークがあたりまえだったから、その延長線上に賃金構造ができあがり、離職者があとを絶たない。

わたしも十数年、身内の介護で複数の有料老人ホームに通ったが、顔見知りになった職員がいつのまにか辞めていたこともしばしばだった。重労働なのに評価が低く、待遇も悪い。これではプライドと責任をもって働けないだろうし、介護されるほうも不安で落ち着かない。いま、この分野に外国人労働者の受け入れが進み、低賃金が固定化する恐れがある。

介護の男性化は在宅でも増えた。夫が妻を、息子が親を介護するケースである。息子といっても、娘の夫、つまりムコが義父母の介護をするのではない。実の息子ということになるが、彼らによる殺人や無理心中、虐待が目立つようになった。妻や娘や嫁による同様の事案もあるが、担い手としての女の数（分母）の大きさから考えると、男による事件の頻発は、男性介護の難しさをもの語っている。家事育児と介護は女がするものと極めつけて、知らんぷりをしてきた男たちにツケがまわってきたのか。

１９９０年の高齢化率（人口に占める65歳以上の割合）は12・１％だったが、２０００年には17％を超え、２０１８年には28・１％となった。介護するかされるか、誰にとっても人ごとではなくなった。性差を越えて協力していかなければならない時代がきた。

（２０１９年2月20日）

昔「結婚報国」、今「官製婚活」

何のための官製婚活

就活や終活ばかりでなく、恋活、妊活（妊娠）や離括（離婚）、保活（保育園入園）まで、「○活」ばやりである。なかでも官民あげて熱が入っているのが婚活、すなわち結婚に向けての活動で、急速な少子化に歯止めをかける意味でクローズアップされている。

婚活という用語は、山田昌宏・白河桃子著『「婚活」時代』（２００８年）が使い始めだそうだ。

少子化対策基本法が成立したのが２００３年。その際、衆議院の審議過程で結婚や出産に国家が関与するのは、個人の自己決定権の考えに逆行するとの批判を受け、前文に「もとより、結婚や出産は個人の決定に基づくものではあるが」と書きこまれた。これに抵触するのではないかと疑われる官製婚活が活発だ。それを促したのは、13年に創設された「地域少子化対策強化交付金」である。結婚・妊娠・出産・育児の「切れ目ない支援」を目的に、先駆的な取組を行う地方公共団体を税金で支援する。

交付金の活用事例として内閣府のホームページに、自治体の事業が並ぶ。結婚関係では、男女の出会いのためのサポートセンター開設、イベントやマッチングシステムによるお見合い支援といった内容が多い。

東京都も17年3月に結婚応援イベント「TOKYO縁結日《えんむすび》2017」を開催し、当時の加藤勝信・内閣府特命担当大臣（少子化対策）も出席した。小池百合子知事はイベント前日の記者会見で「婚姻件数も、このところ減り続けてきましたけれども、そろそろ底を打って反転攻勢をかけたい」と、結婚の後押しをする意思を鮮明にした。都が結婚支援に踏み込むことの是非について、記者から突っ込んだ問いかけはなかった。昨年は「結婚について知事と語ろう！」フォーラム、今年は結婚応援イベント「TOKYO FUTARI《ふたり》 DAYS」を主催している。戦時中の結婚奨励政策を彷彿とさせる動きが広がる。

多様な生き方の否定

戦中の標語は「産めよ殖やせよ」。太平洋戦争開戦の年の1月、政府は人口増加策を閣議決定、

1家庭で平均5人の子どもを持つようにする。平均の結婚年齢を3年早め、男子25歳、女子21歳までとすることを唱導した。翌年、結婚報国懇話会が組織され、早期結婚の奨励、結婚斡旋所設置などの事業にのりだしている。「報国」とは国の恩に報いること。しかし、男たちが次々に戦場に駆り出されたため結婚難で、独身の兵士を結婚のために一時帰休させたりした。出征が決まって慌ただしく結婚式を挙げ、同居1週間で入隊といったケースも少なくなかった。まるで家畜の増殖をはかるような、なりふりかまわぬ国策で、戦後、幼児を抱えた多くの「未亡人」が苦労を強いられた。昔「結婚報国」、今「官製婚活」ということになる。

官製婚活の結果はというと、婚姻件数の減少にも婚姻率の下落にも歯止めはかかっていない。厚労省によると、婚姻件数は、第1次ベビーブーム世代が25歳前後となった1970年から74年にかけて年間100万組を超え、婚姻率（人口千人あたりの婚姻件数）は10・0以上だったが、2018年は過去最低で、婚姻件数59万組、婚姻率4・7。50年前の半分になっている。税金投入の効果が見えない。それどころか「誰もが結婚するべきだ」という考えを広めるなら、結婚していない男女にとって圧力となり、「官によるセクハラ」とさえいえる。結婚したいが、出会いがないという人のためには民間の結婚相談所や婚活イベントがあるし、ネットにも婚活サイトが溢れる。民業に任せたほうがいいのではないか。

1度も結婚していない人をひと括りに「未婚」というが、「非婚」と呼んだほうが適切なケースも増えている。「未婚」はいずれ結婚するつもりの人、「非婚」は自分の意志で生き方として結婚しない人である。非婚が増えた理由として男性側の低収入や草食傾向があげられているが、非婚志向は女の側により強いように思う。専業主婦になれば税制や年金が優遇されているのに、なぜだろうか。

非婚という言葉が登場したのは１９８０年代で、その頃から徐々に家族のありようが変化してきた。それまでは性別分業を前提に、男が外で働き、女が家事、育児、介護を担うのが標準モデルだったが、経済の低成長が続き、夫婦が共働きしないと生活できなくなった。それなのに性別役割分担が根強く残り、共働きを支える子育ての環境整備は遅れている。自活能力と自立意識を持つ女たちが、妻に丸投げされる無償労働にノーを突きつけているのではないか。

家族の姿もかつてのようにひと色ではなく、モザイク模様のように混ざりあって今の社会を構成している。異性婚、３～４世代家族、ひとり親と子ども、事実婚、夫婦別姓、国際結婚、同性パートナー、シングル、ステップファミリーや生殖技術の進展によって、血縁ではない親子も少なくない。外国人労働者の受け入れで生まれも文化も異なる人びととの共生も進んでいる。

これほどの変化を無視して、昔ながらの家族を前提にした官製婚活を強引に進めるのは、社会を息苦しくさせるだけだ。こうしたやり方が、杉田水脈議員の「ＬＧＢＴには生産性がない」という問題発言につながっているのではないか。国の制度として異性婚が特権的に保護されることがなくなれば、不倫も婚外子も存在しなくなる。そうなれば、もっと子どもを産み育てやすい、風通しのよい社会になるはずだ。

（２０１９年5月9日）

非正規シングル女性の窮状

正社員として働きたいのに

働く女が年を追うごとに増えている。女の力を活用したいという政府の方針も後押しして、役員や管理職といった指導的立場を目指したり、仕事のやり方や時間配分を自分で決める裁量制を選んだりして、バリバリ働く人もいる。今は働いていないが、働きたいと思っている人も多い。一方、非正規で働く膨大な数の女たちがおり、正規の人との待遇格差が広がっている。

２０１８年の総務省の労働力調査によると、雇われて働いている女（役員を除く）の過半数、56％に当たる１４５１万人が非正規。男は22％、６６９万人なので、非正規労働の女は比率で男の約２・５倍、人数でも2倍を超えている。* かつて非正規は主婦のパートタイマーが中心だったが、派遣労働の対象業務の自由化が進み、シングル女性が増えた。シングルの理由は、未婚、非婚、離婚などさまざまだが、貧困による深刻な悩みや不安を抱えている人が少なくない。

横浜市男女共同参画推進協会による「非正規職シングル女性の社会的支援に向けたニーズ調査」（2015年）がある。横浜、大阪、福岡などの都市に住み、非正規職で働く35歳から54歳のシングル女性261人を対象に調べた。

回答者に共通していたのは、雇用が不安定で労働時間の割に収入が低いこと。雇用契約期間は「3年未満」が7割を超え、週あたりの労働時間は「40時間以上」37・5％、「30〜40時間未満」35・6％と、7割超がほとんどフルタイムといっていい働き方だ。それなのに税込み年収「250万円以上」は3割しかなく、「150万〜250万円未満」4割、「150万円未満」が3割に上った。年齢が上がれば年収はさらに下がり、45〜54歳では3人に1人が年収150万円以下だった。自由回答からは悲惨ともいえる姿が浮かび上がる。具合が悪くても治療費が気になって病院に行けない。職場ではセクハラ、パワハラ、いじめ、何でもありだが、クビになるのが怖くて我慢の日々。社会保障も十分でなく、老後の生活も見通せない。

望んで非正規で働いているのではないかという見方があるが、回答者の多くは正社員として働きたいのに、かなわないというのが実態だった。社会問題になったのは、リーマンショックが起きた2008年末。派遣労働者が突然契約を打ち切られ、職も住まいも失って年を越せないとして、東京の真ん中の日比谷公園で炊き出しが行われた。メディアが大きく報じたが、解雇が男にまで及んで社会の関心が高まったのであって、以前から女の非正規は多く雇用も不安定だったのに、問題にされなかったのだ。

モデル家族保護が招く格差

不本意な非正規労働が女に多いのは、日本の社会が古くから当たり前としてきた家族観やジェンダー観がある。それを前提に雇用形態や賃金体系、社会保障が組み立てられてきたからだ。戦前の女性労働の多数を占めた繊維女工は、家のために農村から工場へ、小学校を終えるか終えないかで、売られるようにして働きに出た。雇い主と契約を結ぶのは本人ではなく親で、親が受け取った前借金を返し終わるまでは、劣悪な環境のもと、小遣い程度をもらい昼夜交代で働かされた。今風にいえばブラック企業である。

戦後は１９５０年代から主婦のパートタイマーが目立ち始める。飛躍的に増加したのは74年のオイルショック以降。長い不況で企業が合理化の一環として、労働力をパートに切り替える戦略をとった。住宅ローンや教育費、レジャー費などでかさむ家計を助けたかった主婦と、ニーズが一致したのである。主な働き手は夫だから、パートは低賃金で身分保障もなくて当然とみなされ、戦前からの悪慣行が定着した。これをさらに強化・固定化した要因の一つに、１９６１年に導入された配偶者控除がある。配偶者の収入が限度額以下の場合、所得の多い方の税額が控除される。

社会保障もセットになっていて、保険料なしで夫の厚生年金や健康保険に加入できる。

専業主婦の「内助の功」に報いるという性格が強く、共働きやシングル世帯にとっては不公平感が強い。それだけではなく「低賃金の方が都合がいい」という労働者がいることは、非正規労働全体の賃金引き下げ圧力となっている。

従来の家族モデルから外れて、男の稼ぎ手を持たないシングル非正規女性は、手厚い〝保護〟を受けている人の低賃金に引っ張られて、貧困にあえぐ。非正規シングルに対する賃金引き上げ、家賃支援、最低限の年金保障などの支援を考えるべきだろう。

子どもや高齢者、病気や障害などで働けない人は別にして、人は働いて生活していくのが当然だと思う。家族があっても、シングルでもそれは同じだ。誰かの扶養家族になるのではなく、一人ひとりが働き、労働に対しては正当な対価が得られるようにするべきだ。まっとうに働いているのに生活に困難や不安が生じるなら、そのときには社会のセーフティーネットが機能する。そうしてだれもが自分の足で立ち、歩んでいける。そんな社会にしなければならない。

（2019年5月22日）

＊　2024年10月の総務省労働力調査によると、非正規の女は1440万人で52%、男は667万人で22%。2018年とほとんど変わらず、女の非正規労働状態は改善されていない。

関東大震災で犠牲になった沖縄の女工

川崎と沖縄の絆

川崎市のＪＲ川崎駅東口広場に背丈ほどの直方体の石碑がある。沖縄で道の曲がり角などに、ずっと小ぶりなのを見かける魔除けの石敢當《いしがんとう》である。その前で8月28日（２０２０年）、川崎沖縄県人会主催の「石敢當建立50周年　記念のつどい」があった。

設置の由来は１９５９年９月、米国統治下にあった沖縄を襲った宮古島台風（別名サラ）にさかのぼる。茅葺き・木造が多かった宮古島の家屋は7割が倒壊、農作物の被害も甚大だった。島民の窮状を知った川崎市議会が中心になって救援会が結成され、市民から集めた義援金３５５万円（当時のレートで約1万ドル）を琉球政府に贈った。その返礼にと宮古島から贈られたのがこの石敢當で、駅前に設置されたのが70年9月1日だという。

設置50周年にあたり、その絆を語り継ごうと、市長や市議会議長をはじめ、ゆかりの人びとが出席。約100年前から始まった川崎と沖縄の交流をこもごも語ったが、わたしの期待は外れた。関東大震災の日、9月1日が目前なのに、沖縄から出稼ぎに来た人たちが川崎でおおぜい犠牲になった話は全く出なかったのだ。

川崎南部では明治の末頃から明治精糖、東京電気（現、東芝）、日本鋼管、鈴木商店（味の素）、浅野セメントなど近代的な工場が操業を開始。なかでも最大規模を誇ったのが富士瓦斯紡績（富士紡）川崎工場だった。14万坪の敷地に工場のほか病院や寄宿舎もそなえ、1921年には5千人が働いている。主力は他府県からの出稼ぎの女工であり、沖縄出身者が多い。募集人に連れられての集団就職だった。

前借金を負って出稼ぎに

沖縄から本土への出稼ぎが始まったのは19世紀末だが、本格的になったのは1920年頃から。『沖縄県史』によると、25年における県外出稼ぎ者は2万人近くいて、男より女のほうが多い。女1万829人のうち、大阪3824人に次いで多いのが神奈川の1832人。そのほとんどが富士紡川崎工場だったとみられる。

川崎の女性史『多摩の流れにときを紡ぐ』（1990年刊）を編纂した折、沖縄出身の元女工さん4人から話を聞いた。そのうちの桃原ウタはこう話した。

「今の中学生の年齢ですからね、毎日泣いていましたよ。夜勤が辛かったね。晩の6時から朝の6時まで、昼夜交替制でね、機械は止めないで、人間だけ交替するの。それで居眠りして機械に頭をぶつけると、お姉さん（見回り工）が怒りよった」

昼夜交代制の12時間勤務。当時、深夜労働の禁止は実現していない。機械に髪を巻き込まれた人もいた。撚った糸を管に巻くリングの職場では、機械が回り続けているので、トイレにも急いで行く。「台の悪いのにあたったりすると大変よ。ご飯も食べに行かないで、綿がからまっているのをきれいにするの」。前借金を負って寄宿舎に入れられ、返すまでは休日の外出も許されなかった。

そして1923年9月1日、マグニチュード7・9の大地震が関東地方を襲う。東京や横浜に比べて川崎

富士瓦斯紡績川崎工場。1920年頃

の被害は軽かったが、南部の工場街はひどかった。富士紡は寄宿舎7棟を含む建物19棟が全壊した。死者154人（女134人・男20人）、重軽傷者35人（女34人・男1人）に及んだ。地震発生が白昼（午前11時58分）だったのにほとんどが圧死だったのは、きつい夜勤明けの睡眠中だったからだ。

同年10月に富士紡が川崎町に提出した死傷者名簿によると、亡くなった女工は13歳から16歳が多く、最年少は12歳。生年月日と入社年月日から計算すると、10歳、11歳で入社した人が計14人いる。小学校を出るか出ないかで働きにきて、1、2年で犠牲になっており、いたましい。

通勤9人を含む死者は全て他府県出身者で、沖縄県がだんぜん多く48人（女46人・男2人）、次いで秋田16人（女14人・男2人）、新潟14人（女13人・男1人）、青森13人（女11人・男2人）と続く。それだけの犠牲があっても、工場が再建されると沖縄からの出稼ぎはさらに増えている。

「籠の鳥争議」の要求

25年には大きな労働争議が起きる。労働組合の全国組織、総同盟が指導したストライキは長期に及び、県知事の調停で終結した。

このとき争議団が出した要求書には「寄宿女工の近親者が病気危篤のときは帰郷を許可してほしい」「近親者と面会させてほしい」「休日には外出を自由にしてほしい」といったあたりまえの

要求が並んでおり、待遇のひどさがわかる。

この紛争は「籠の鳥争議」と呼ばれた。「籠の鳥」は当時の流行歌で、それをもとにした映画も人気になった。自由を奪われた状態やそのような状態にある人の暗喩である。

「記念のつどい」で市長や市議会議長は、沖縄の人の働きが今日の川崎の繁栄の礎になっていると、友好の歴史を強調したが、女工の場合は貧しさゆえに家の犠牲になり、身売りのようにして出稼ぎに出された。そして工場でも虐待に等しい労働搾取に遭った。その上に築かれた「友好」であることも、語ってほしかった。

寄宿舎では昼夜勤の者が交代で同じ蒲団に寝た。昼食は麦飯、たくあんに味噌汁だけだった。人の声も聞えないほどの機械の音と、眉の上に綿ぼこりがたまるほどのひどい塵埃の中で働いた。だから、結核などの感染症が蔓延した。

病を養うために帰郷して亡くなる人が相次ぎ、沖縄は全国有数の結核県になった。いま、都市由来のコロ

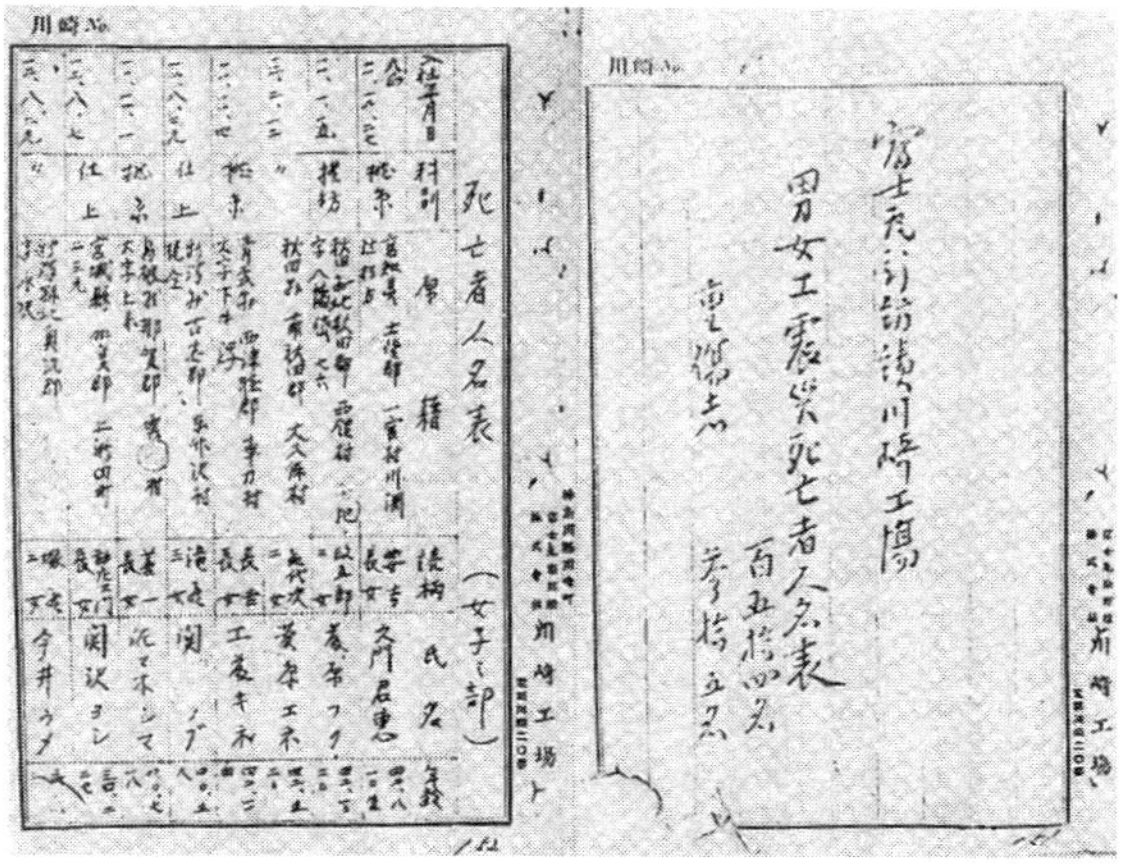

「富士瓦斯紡績川崎工場男女工震災死亡者人名表」原本

ナ禍で苦しむ沖縄の姿と重なる。

コロナ禍により女性の雇用環境が厳しさを増している。5月の労働力調査によると、非正規労働者は前年同月比で61万人減り、その7割を女が占めた。女の働き手が多い飲食業や宿泊業が深刻な打撃を受け、離職者が増えているからだという。

災厄のとき、不景気のとき、そのしわ寄せは最初に弱者に及び、解消するのは弱者が最後となる。沖縄の人たちに、職場や家庭で働く女たちに、かつてと同じような辛酸をなめさせてはならない。


（2020年9月1日）

コロナ禍を家事協働の契機に

女の負担が大きい家事・育児

神奈川県の大学がある町に住んでいるが、緊急事態宣言が出て以降、町の風景が一変した。学生の姿が消え、全体がシーンとしている。ところが、平日のスーパーマーケットに働き盛りの年代の男たちが行列を作り、公園では父親と子どもが遊んだりジョギングしたりしている。自粛とテレワーク、学校の休校が生んだ光景に違いない。

コロナ禍が終息したら、社会のさまざまな局面が変化すると言われている。その一つは働き方なのではないか。業態にもよるが一定程度、テレワークが定着しそうだ。そうすると、必然的に男たちの家庭滞在時間が増える。それを機に、新しい生活スタイルが生まれる可能性がある。それを希望と捉えたい。

共働き世帯の数が、専業主婦世帯を上回って20年以上になる。夫婦が家計を対等に支えるのであれば、家事・育児も協働して当然なのに、依然として女の負担が大きい。諸外国に比べ、日本の男が家事・育児に関わる時間は圧倒的に少ない。それが女の社会進出の足かせになっていると指摘されながら、なかなか改善しない。大きな理由は、賃金や待遇の男女格差など社会の仕組みにあるが、人々の、特に男性サイドの意識の遅れも足を引っ張っている。女は働いていても、家事や育児や介護を担ってきた。その生活スタイルをパートナーの男も共にすることで、男性自身の幸福度も上がるはずだ。

政府の「少子化社会対策大綱」は、今年（2020年）が5年ごとの見直しの年に当たる。内閣府が5月2日に原案を公表、5月中に閣議決定するという。原案は冒頭、昨年の出生数が90万人を割り込んで過去最少の86万4千人となったことを「86万人ショック」と表現し、数値目標として「希望出生率1・8」（2018年は1・42）を掲げた。少子化を「国民共通の困難」と位置づけ「真っ正面から立ち向かう」として、重点目標の一つに多子世帯への支援を挙げたが、太平洋戦争開始直前に閣議決定した「人口政策確立要綱」の「産めよ、殖やせよ」政策を想起させる。このときは「1家庭で平均5人の子どもを持つように」と奨励した。

幸福度を上げる料理や子育て

それよりは男性自身が、日本的な働き方の非人間性に気づき、より豊かな人生を目指して、自らのライフスタイルをデザインし直すことが大事だ。そのチャンスが今回の奇禍で巡ってきた。家事・育児を「手伝う、協力する、サポートする」というレベルではなく、人として生きていく上で当たり前のこととして、男女関係なく、仕事を持つ持たないに関わりなく、日常に組み込みたい。

今回、家庭滞在時間が長くなった男の中には、女性任せにしていた家事・育児の楽しさに気づいた人も多いのではないか。料理は計量し、混合し、冷却し、加熱するから、物理や化学と重なる。工夫の余地も大きく、要領よく進める手順を見つけることは、業務の合理的な遂行を考えることに通じる。何より「おいしい」と言って食べてくれる家族の顔を見るのは、仕事の達成感とは別次元の喜びだ。

子どもとの会話にも発見があるはずだ。素朴な質問の答えを探すことで、多様な視点や価値観があることに気づけば、職場の人間関係や業務の相手方との関係も円滑になるだろう。子育ては大変と感じることもあるが、子どもの成長を見守る充実感は何ものにも代えがたい。男性が共有しないのは、もったいない。

余裕ができれば、趣味を持つのもいいだろうし、地域デビューもお勧めだ。ＰＴＡ活動や地域の催しに積極的に参加すれば、会社だけの人間関係ではない、異業種や異年齢間のネットワークが広がる。そうすれば、定年後にやりがいを喪失してウツになったりすることもない。

女の考えも変わってきている。専業主婦が多かった時代の女が結婚相手に求める条件は「3高」、高学歴・高収入・高身長と言われたが、2018年のJCBの調査によれば、現代の働く女が男に求めているのは、家事力・育児力がトップという。

ここで問題になるのが、世代間ギャップだ。今の若い男は「給料はそこそこでいい」「仕事を終えてからの飲み会にはつきあいたくない」「休日返上の接待ゴルフなんてとんでもない」という人が多くなったという。かつて盛んだった社員旅行がほぼ消滅したのも、参加者が減ったからだ。

これに対して、古い世代の経営者や管理職は「男は仕事してなんぼ」「出世してなんぼ」という考えから抜け出せないでいる人が多い。数年前まで社員に「死ぬまで働け」という理念を示していた企業があった。「取り組んだら殺されても（その仕事を）放すな」という会社では、社員が過労自殺した。人を人とも思わないこんな経営者にはさっさと退場してもらおう。そうして、女も男もワークライフバランスを大切にすれば、お互いを認め合い、高め合う社会に近づいていけるのではないか。

（2020年5月18日）

V

性差別、性被害を告発する

目をおおう米軍による沖縄の性被害

米兵による少女暴行事件

那覇で行われた地域女性史研究会の例会に参加した。女性史研究者の宮城晴美の企画で、例会に先だち名護市辺野古の米軍新基地建設予定地を訪れた。県民多数の反対をおして政府が土砂投入を決行する直前である。曇り空で、水平線は縹渺と煙り、立ち入り禁止区域を示すフロートが醜い疵のように海上を這っている。わたしには、この穏やかな場所が修羅の海にならぬよう願うことしかできない。

往復のバス車中での米軍基地をめぐる解説と例会報告「沖縄の近現代史における沖縄女性の性」は高里《たかさと》鈴代の担当。長年、那覇市の相談員やＮＧＯ活動を通じ、米兵の暴行を受けた女たちを支援してきた人で、沖縄の米軍がどれほど県民、とりわけ女の人権を踏みにじってきたか、語り続けてなお、語り尽くせぬようだった。

そもそも辺野古に新基地建設が持ちあがったのは、１９９５年9月、米兵3人が小学生を拉致、強姦した事件が発端である。これに抗議して10月21日、県民総決起大会が開かれ8万5千人が参加した。翌年、日米両政府で移設という条件付きで普天間飛行場返還が合意され、曲折の末、移設先が辺野古に決まった。95年は、国連主催の北京女性会議で、女性の性の権利（セクシュアル・ライツ）が重要な論点になり、「女性の権利は人権」という宣言が出された年である。

沖縄の女は「戦利品」だったのか

沖縄は72年まで米軍施政下にあり、日本返還後も米兵による数えきれないほどの性犯罪があると言われながら、実態は不明だった。それなら調べようと、宮城、高里らの「基地・軍隊を許さない行動する女たちの会・沖縄」は、新聞、書籍、公文書、証言などをもとに年表形式の冊子『沖縄・米兵による女性への性犯

米兵による少女暴行事件を糾弾するデモ。
沖縄県宜野湾市で、1995年9月

罪』を作成した。最初はＡ４で４ページだったが、調査が進んで12版を重ね、28ページにもなっている。闇に沈んでいた性犯罪がようやく見えてきたが、未調査のもの、そもそも表面化していない事件を数えると、どれほどの件数になるのか想像を絶する。

目をおおいたくなるのは、45年４月に米軍が沖縄本島に上陸後、50年代までの強姦事件の多さ。まさに無法地帯で、兵士にとって沖縄の女たちは「戦利品」だったのかと思わせる。51年に「戦後６年間の強姦事件、２７８件」とある。55年には６歳の少女が拉致、強姦、惨殺された。72年の復帰後、沖縄県警が検挙した強姦は73年に14件・被疑者17人、74年は11件・被疑者14人とある。

とくに基地周辺で米兵相手に働く女性の被害は、訴えても軽くみられる傾向がある。被害者が誰であれ、性犯罪であることに変わりはない。とかく、少女が被害者の場合、その無垢さが強調され、抗議行動を盛り上げる要素にもなるが、誰に対してもひど

地域女性史研究会例会。2018年12月、名護市辺野古の米軍基地建設予定地で

い人権侵害であることはおさえておきたい。

悲劇は続いている。２０１６年5月、うるま市の20歳の女性が、嘉手納基地勤務の元海兵隊員・軍属に強姦のうえ殺害されたのは記憶に新しい。この事件は本土でも大きく報じられたが、知人の女性が「夜、一人でランニングしてたんでしょう。被害者も不注意だったんじゃない」と言い捨てたのには驚いた。横浜に住むわたしの周辺でも、仕事や会合などで夜遅く帰宅する女性は多いし、早朝や夜、ウォーキングやランニングをする人もよく見かける。それで非難されたという話はきかない。どこの町であれ、夜中でも安心して外出できるのが当たり前にならなければいけない。

去年から今年にかけて話題になった女性問題は、本土でも伊藤詩織さんらの告発で広がった「＃ＭｅＴｏｏ」運動や前財務事務次官のセクハラである。他人ごとではなく、わがこととして考えた人も少なくないだろう。だが、そのときわたしたちは、沖縄の女たちがさらされている性犯罪の危険にどれだけ思いを致しただろうか。わたしは考えが及ばなかった。当事者への想像力が欠如していると言われてもしかたがない。

佐喜眞美術館の紅型衣裳

東日本大震災後、「絆」が流行語になった。沖縄の言葉で絆に近いのは「結い」。ずばりそのままのタイトルの芸術作品が、宜野湾市の佐喜眞《さきま》美術館にある。入ってすぐのフロアに展示されている照屋勇賢《てるやゆうけん》の「結い、Ｙｏｕ－Ｉ」である。

沖縄の伝統工芸である紅型《びんがた》で染めあげた衣裳で、紅型の古典的なモチーフの松、梅、菊、小鳥、青海波などが目に入る。「きれいね」と近づいて息をのんだ。肩から腰にかけて描かれた桜に連なっているのは在沖米軍のパラシュート部隊。兵士は銃を構えているではないか。裾の部分にはこれも紅型独特の大輪の菊と菊の間をチョウと多数のオスプレイが飛ぶ。ジュゴンも波間に戯れ、異質なものが巧みに配置されていた。

作者は沖縄出身の現代アート作家。米軍基地は沖縄固有のものの中に溶け込んで風景にまで化した。それを表現したとみられる。美しいが残酷なこの衣裳を身にまとうのは女だから、沖縄の女の悲哀に気づかせようという意図も込められているのかもしれない。

この美術館の建つ土地はもともとは普天間飛行場内にあった。佐喜眞道夫館長の先祖伝来の土地で、館長はたった一人で米軍に返還を求めて交渉し、取り戻した。ガマをイメージしたという美術館の奥に進むと、丸木位里・俊夫妻の「沖縄戦の図」が展示されている。悲惨な地上戦の末、集団自決などで犠牲になった女や子どもが描かれている絵の前で、立ち尽くす。本土への空襲を遅らせるために捨て石にされた沖縄。戦後も日本の独立と引きかえに米軍占領下へ、そして今また、わたしたちは犠牲を押し付けようとしている。それでいいのだろうか。

（２０１８年12月25日）

忘れ去られた「国家売春」の過去

国体護持のための「性の防波堤」

１９４５年の夏、敗戦で多くの日本人が茫然自失しているなか、東久邇内閣が手をつけたのは、占領軍将兵に女を提供する慰安所をつくることだった。敗戦からわずか３日後の８月18日、内務省警保局長が現在の知事にあたる全国の府県長官宛てに「外国軍駐屯地における慰安施設について」を打電。速やかに性的慰安施設、飲食施設、娯楽場を設けるよう指令した。

国務大臣の近衛文麿は警視総監を呼んで、「国体護持」のため慰安所設置の陣頭指揮をとるよう要請している。国体とは天皇を中心とした国家体制のこと。それと売春施設はどう関わるのか。事態の推移がそれを明らかにする。

これを受けて警視庁は東京料理飲食業組合の組合長らを呼び出し、資金は政府が援助するから、至急、各種慰安施設をつくるよう命じた。都下の接客業7団体を擁する同組合は、23日には特殊慰安施設協会（のち「RAA協会」と改称＝Rはレクリエーション・Aはアミューズメント・最後のAはアソシエーション）を立ち上げ、28日に皇居前広場で宣誓式を行っている。ついこないだ、天皇の終戦詔勅を聞いて集まった人びとが地べたに伏して嗚咽した場所である。協会は「新日本再建の発足と、全日本女性の純血を護るための礎石事業たることを自覚し、滅私奉公の決意を固めた」と胸を張っている（『RAA協会沿革誌』）。

「全日本女性の純血を護る」とはどういうことか。

昨日まで「鬼畜米英」と呼んだ軍隊がやってくる。そうなると日本民族の純血が汚れる。国民が騒ぐ。国体の護持が危うくなる。「性の防波堤」として女性たちを差し出そうというのである。

大森海岸に第1号慰安施設

28日は占領軍の先遣隊が上陸した日で、協会は女性をかき集めて大森海岸に第1号慰安施設「小町園」をオープンしたが、慰安婦の数が足りない。そこで事務所を構える銀座7丁目の「幸楽」前に看板を出した。「新日本女性に告ぐ　戦後処理の国家的緊急施設の一端として、駐屯軍慰安の大事業に参加する新日本女性の率先協力を求む。女事務員募集。年齢十八歳以上二十五歳迄。宿舎、被服、食糧全部当方支給」。新聞にも「急告　特別女子従業員募集　衣食住及高給支給　前借ニモ応ズ　地方ヨリノ応募者ニハ旅費ヲ支給ス」という広告を載せた。

戦災で親や家を失い途方にくれている女たちにとって、住む場所だけでなく、食べる物も着る物も支給してくれるとはありがたい。まさか売春が仕事とは思わず、第一次募集だけで千人以上も集まったという。神奈川県では警察部保安課が挙げて取り組み、横浜や横須賀など県下23カ所に慰安施設を設けた。その一つはマッカーサーが来日直後に執務室として使ったホテルニューグランドの目と鼻の先にある互楽荘。４００室もあるモダンなアパートメントだった。

小町園にも互楽荘にも占領軍将兵が長蛇の列を作った。それでも米兵による多数の強姦・強盗があったことが記録されている。ところが、慰安所に並ぶ兵士たちの写真が米国のメディアで報じられたことから、米国の留守家族や女性団体からの抗議が司令部に殺到。性病もはびこったため、ＧＨＱは46年1月、各地の慰安所を「オフ・リミット」にした。「国体護持の女」は放りだされ、許可を受けた集娼地域に流れるか、「パンパン」「闇の女」と呼ばれる街娼《がいしょう》になっていった。

歴史上、戦争で負けた国はたくさんあるが、政府と警察が主導して占領軍相手の売春施設をつくった国は聞いたためしがない。日本は明治以来、公娼制度を設け、軍隊の行く先々に慰安婦を伴って当然とした国である。男性それぞれが自分の所有物とみなしている妻・娘・良家の子女たちに害が及ばないように、一部の女性たちの性を犠牲にしたことになる。

日本の女性団体も黙っていたわけではない。明治時代から廃娼運動をしてきた日本基督教婦人矯風会が内務省にＲＡＡの廃止を求めた。だが、それは慰安婦の存在が「国家の恥辱」だからという理由であって、彼女たちの人権問題とはとらえていない。女性たちは分断されていたのだ。

正史はこの国家売春の過去を顧みない。敗戦後の混乱期のこととして忘れ去り、消し去っているかに見える。だが、今もセクハラなどの性暴力がまかり通っているのは、こうした過去に真摯に向き合ってこなかったからではないか。自分の生と性をどのように生き、他者のそれをどのように尊重するか。重い教訓が含まれているはずだが。

（２０１９年８月23日）

父系主義の国籍法改正に尽力した土井たか子

ハーフのアスリートの国籍は？

近年、メディアのスポーツ関連報道は過熱ぎみ。全国高校野球記念大会が１００回目を迎えた昨年など、一般紙なのにスポーツ紙と見紛うほど、スポーツ面が肥大している新聞もあった。これらの報道で気になるのは、ハーフのアスリートたちの国籍性の問題である（両親の国籍が異なる人は「ミックス」「ダブル」などとも呼ばれるが、ここでは一般的な「ハーフ」として書き進める）。

昨年（２０１８年）、女子テニスの大坂なおみが全米オープンで優勝したとき、表彰式で結果に納得しないファンのブーイングが響いた。その表彰式で大坂は「みんながセリーナを応援していたのを知っているから、こんな終わり方になってごめんなさい」とわびた。

「日本人初の快挙」と偉業をたたえる一方、こうした振る舞いを指して「日本人より日本人らしい」と評価するコメントも目立った。彼女のすべてを「日本人」という枠におさめようとするかのような報道だった。

大坂は日米の二重国籍で米国育ち。生活の本拠も活動の拠点も日本にはない。はっきりしているのは、テニス選手として「日本」を選んでいるということだ。メディアはなぜことさらに「日本人」を強調するのだろう。同じことは、陸上のサニブラウン・ハキームやバスケットの八村塁、ラグビーの松島幸太朗、柔道のベイカー茉秋《ましゅう》らにも言える。ハーフの活躍は芸能タレントやモデルまで広げると、枚挙にいとまがない。肯定的なキラキライメージだが、かつて「混血児」と呼ばれ、苦難の歴史を生きた子どもたちを忘れてはならない。

偏狭なナショナリズムを超えるには

ハーフとは両親のいずれかが外国人ということだが、旧国籍法では日本人女性が産んだ子でも、夫が外国人の場合、子は日本国籍が取れなかった。反対に日本人男性と外国人妻の子はどこで生まれても、だれが産んでも日本国籍だった。「妻は夫に従う」という家制度の名残り、父系優先血統主義のためである。先にあげた選手たちはいずれも母が日本人、父が外国人なので、旧国籍法下では日本人として国際大会に出場することはできなかったことになる。

戦後、国際結婚は年を追って増え続け、国の人口動態調査によると、１９８０年には７２６１組で婚姻総数の０・９％を占めた。うち夫が外国人なのは２８７５人だが、そのカップルの子は日本人になれなかったのだ。これはとりわけ沖縄にとって、大きな問題となった。米軍基地の街で、父が米軍人や軍属の子どもが多く産まれた。米兵や軍属が帰国して連絡が途絶えたり、認知しなかったりして、子は無国籍になった。無国籍になると、保護してくれる国がない。就職や結婚、年金などでさまざまな困難が伴う。

そこで１９７７年、憲法学者でもある土井たか子衆院議員が、父系主義は憲法の「両性の平等」に反するとともに、子の人権も侵害するとして、国会で追及した。これが報じられ、土井のもとには、国際結婚をした女性たちから、悩みを訴える手紙が続々寄せられたという。この年、初めて国籍法の性差別廃止を求める訴えも提起された。政府はなかなか改正に動こうとしなかったが、「国連女性の10年」の中間年に当たる１９８０年、デンマークで開かれた第2回世界女性会議で、女性差別撤廃条約に署名。その9条2項に「締約国は，子の国籍に関し，女子に対して男子と平等の権利を与える」と明記してあることから、条約を批准するために、84年、ようやく国籍法を父母両系主義に改めたという経緯がある。

人口動態統計によると、近年、在留外国人が増え、日本で生まれた子どものうち、親のどちらかが日本以外の国籍である割合は２％前後で推移している。今年（２０１９年）４月の改正出入国管理法施行により、海外から大量の労働力を受け入れることになったから、今後、多様な出自や文化を持つ人びとはもっと増えるだろう。

スポーツ界はそれを先取りしているともいえる。大相撲には外国人力士がおおぜいいるし、ラグビー日本チームの半分は外国籍の選手だ。サッカーや野球にも外国にルーツを持つ選手が増え、日本人も国境を越えてプレーしている。それを見るわたしたちも、肌の色や振る舞い、言葉や文化が異なる選手たちのパフォーマンスを楽しんでいる。しかし、選手が国の代表として参加する国際大会、とりわけオリンピックとなると、ナショナリズムが前面に出る。国の威信をかけて戦うことを求め、日の丸の重さを強調し、メダルの数や色までうんぬんする。

そうして日本や日本人としての一体感を求め、期待を寄せるのは、外国につながる選手や、二つの祖国を持つアスリートにとっては、どこか居心地が悪いのではないだろうか。チーム競技はともかく、せめて個人競技は、国家という枠組みにとらわれるすぎることなく、これまでの活躍を良く見聞きしてきた身近な選手として応援したい。変わらなければならないのは、メディアとわたしたち観客の視線であろう。


（2019年9月11日）

スポーツ選手は増えたが指導者は？

マラソンが突破口に

干刈あがた（１９４３〜92）という作家がいた。男性優位の社会で「おんなこども」とひとくくりにされる母子の、日常にありふれている物語を得意にした。代表作に84年刊の『ゆっくり東京女子マラソン』がある。小学校のＰＴＡ役員の母親５人が、担任教師の産休問題から始まったクラスのもめ事を、話し合いを重ねながら解決する。キャリアウーマンは１人もいない。どこにでもいる母親たちがゆるやかに横につながりながら、自分を発見し、自立していく。ゆっくりと地盤が動くように女たちが変わっていった時代を描いた作品だ。

物語の終盤、母親たちは第2回東京国際女子マラソンをテレビ観戦する。外国勢が上位を占める中、日本人選手が懸命に追う。母親が息子に言う。「ほら、足を踏み出すたびにふくらはぎがキュッと緊ってまたゆるむ。今、彼女の肉体が解放されているのよ。彼女は自分のためだけに走ってるんじゃないわ。見ている女たちぜんぶ、自分をつくった日本の女の歴史ぜんぶを解放するために走ってるのよ。女の底力の強さ、美しさをよく見て」

東京国際女子マラソンは、1979年に世界で初めて国際陸上競技連盟公認の女子マラソン大会として誕生した。以後、2008年までの30年間、東京の真ん中を女たちが走り抜けた。

初代女王は2児の母で42歳のジョイス・スミス（英国）、日本人トップで7位入賞の村本みのるも3人の子持ちで37歳の市民ランナーだった。トップアスリートが秒単位の速さを競う今とは違い、時間がのんびりと流れていて、どのドリンクにしようか、足を止めて迷っている選手もいた。優勝記録は2時間37分48秒、いま世界のトップを争うなら2時間20分を切らなければならない。長いあいだ、女子が42・195キロを走るなんて、とんでもないと言われてきた。女が人前で足を出すなんて、はしたないと言われた時代さえあった。女子マラソンはそれにあらがう挑戦だった。

第1回の東京女子マラソンの翌80年、モスクワ五輪の女子陸上の最長種目は1500メートルだったが、84年のロサンゼルス五輪でマラソンが正式種目になった。その後、5000メートル、1万メートルと、男子と同じ種目が採用された。流れを加速したのは東京国際女子マラソンだと言われている。

陸上競技だけでなく、柔道、サッカー、レスリングなど五輪の女子種目の増加にもつながった。このような女子スポーツの歩みは、女の社会進出、職域の拡大、権利獲得の流れとも重なる。颯爽と走っている姿から勇気をもらった女も多いはずだ。

女性役員ゼロの競技団体も

夏の五輪（２０１９年）の日本参加選手数と女子の割合を調べてみた。１９２８年アムステルダム大会は男子42人で女子は人見絹枝１人。戦後の52年ヘルシンキ大会は72人中女子11人（15％）に増える。64年の東京五輪は３５５人中61人（17％）。このとき女子バレーボールチームが、虐待ではないかと批判されるほどのハードなトレーニングに耐えて優勝したことが、女性は「弱い性」であるという通念を打ち破ったとされる。

その後の高度経済成長で余暇時間が増えたこともあって、女子のスポーツ参加が広がる。大きく飛躍したのは90年代から。96年アトランタ大会で３１０人中１５０人（48・４％）と半数に迫り、２００４年アテネ大会は３１３人中１７１人（54・６％）で男を上回った。ソフトボールやサッカー、ホッケーといったチーム競技で出場権を獲得したことによる。以後の北京、ロンドン大会でも女は半数を超え、参加人数でみる限り、男女平等は達成されたといっていい。

しかし、スポーツ組織で意思決定にかかわる立場の女はまだ少数派。18年10月の調査では都道府県を含めた日本スポーツ協会加盟117団体の女性役員の割合は11・2%。16年の9・7%からわずかしか増えていない*。剣道や軟式野球など女性役員ゼロの協議団体も6団体あるという（『朝日新聞』2019年3月8日）。これは、政治や経済界の意思決定の場に女性参加が遅れているのと同じ現象といえる。指導者としてもあまり機会を与えられていない。女性コーチは子どもや初心者の指導に集中し、トップレベルの選手のコーチは圧倒的に男である。

中高生の女性アスリートが増える中、無月経による疲労骨折などのトラブルが多いという。指導者が女の体についてよく知らず、無理な体重制限を課すことなどが原因とされる。

女子選手が競技から退くのは結婚や出産というライフイベントを機に、という場合が多い。結婚も出産もしていいんだよという指導者が身近にいて、授乳や託児などのサポート態勢が整えば、女子選手はもっと長く輝き続けられるはずだ。

先に引用した『ゆっくり東京女子マラソン』のゴール風景。

「最終ランナーの後姿をカメラが映し出した。大勢の女たちがそれぞれの走法で走って行った道を、もう走る力もつきてトボトボと、それでも脚を休めずに前に向って歩いていく。イチョウの葉が彼女の頭上に黄金色に輝いている。洋子はゴールに姿を見せなかった何人かの人のことを考えていた」

作家の目は敗者に向けられる。努力の結果、栄冠を手にした人が多くのものを得るのは当然だが、昨今のメディアは勝者への礼賛に傾きすぎていないか。

多くの人が参加し、スポーツの裾野が広がることが、頂点に立つアスリートたちを支える。また、参加者たち自身の身体的健康にも寄与するだろう。頑張ったけれど目標に届かなかった人、途中棄権した人にも大きな拍手を送りたい。

それは競技スポーツを一握りのスポーツエリートのものにせず、みんなのものにしていくことに、男女を問わず開かれたものにすることに、つながるはずだ。

（２０１９年４月10日）

＊　スポーツ庁は２０１９年のガバナンスコード（組織統治規定）を「女性理事40％以上」と定めた。これにより、助成金にも影響が出かねないと、各競技団体が女性登用を進めた。２０２４年３月、日本スポーツ協会は中央競技団体の理事に占める女性の割合が、前年比４・５ポイント増で、初めて３割を超えたと発表した。

看護師を再び使い捨てにするな

看護師の離職理由はブラックな職場環境

連日の新型コロナウイルス報道に接しながら、改めて気づくことがある。リーダーの器量の大小である。首相、大臣ら政府関係者、自治体の首長らが連日、テレビに登場する。マスクで顔を隠していても、表情や語り口から、熱意や決断力の有無、誰のために政治をしているのかが伝わってくる。

それにしても、出てくる人、出てくる人、都知事を除いて男性ばかりだ。官僚も、医療の専門家たちも。制度を作り、運用し、この国を動かしているのは男性なのだ。対照的なのが、切迫した医療の最前線で働いている人たち。看護師の多くは女性だし、押し寄せる市民の相談に応じて、検査の可否を判断し、次のステップにつなげる仕事をしている保健師も、ウーマンパワーが支えている。

看護師や保健師はもともと女の職業だったが、近年は男の参入が増えた。といっても、厚労省の調査（２０１８年末）によると、男性比率は看護師７・１％、准看護師63％、保健師２・５％で、あいかわらず女が中心だ。ついでに言えば、働く女たちを支えている保育園や学童保育、訪問介護の担い手も、ほとんどが女である。それらの現場から悲鳴があがっている。

中でも、いま最も深刻なのが看護師不足である。*コロナ感染症の重症患者を治療するとき、人工呼吸器やＥＣＭＯ（体外式膜型人工肺）を装着すると、一般病床の患者に対するときに比べ、何倍もの人数の看護師が必要だという。

体力的にも精神的にも厳しい状況であるため、看護師たちの免疫力が落ちて感染する危険も高まる。院内感染が起これば、感染の可能性がある人は現場を離れざるを得ず、ますます人手が不足する。この負の循環は、各地の病院で既に始まっている。市中感染や、自身から家族への感染を恐れて車中泊をしている人までいると聞くと、何とかならないかと胸が痛む。

人手不足解消のために、日本看護協会（福井トシ子会長）が離職中の看護師たちに復帰を呼びかけている。看護師不足は、いまに始まったことではない。毎年、新卒者が就職している一方で、離職者が多いからだ。看護協会の「２０１９年 病院看護実態調査」によると、離職率は正規雇用看護職員全体で10・７％、新卒の場合で７・８％もある。再就職者に至っては17・７％にのぼり、6人に1人が採用された年のうちに離職しているという。

離職の大きな理由は「仕事がきつい」「賃金が安い」「休暇が取れない」といったブラックな労働環境にある。夜勤の繰り返しなど過重労働の結果、十分な看護ができていると感じられず、達成感がないというのも離職理由にあがる。患者によるセクハラ被害も多い。

解決するためには、ワークライフバランスを重視する方向に転換し、働き方の多様化・柔軟化を認める必要がある。それが離職を防ぎ、看護師らの復職につながると指摘されながら、なおざりにしてきたツケがまわってきたといえる。

国会会期中である。離職している看護師や保健師に戻ってほしいのなら、議員立法によってでも、待遇を改善する法律を早急に作り、危険な労働に応じた手当や、安心して働けるような感染対策を十分に講じてほしい。

新型コロナに対する緊急経済対策について安倍首相は「世界的に見ても最大級」と胸を張るが、規模を誇るより、こうした緊急に必要なところにお金をかけるべきではないか。

「白衣の天使」ともてはやされながら

もう一つ気になるのは、感染症との闘いを戦争にたとえ、「国難」とか「非常時」という言葉が飛び交っていることだ。「こんなときだから国に尽くすべきだ」という声がどんどん大きくなり、離職看護師を追い詰めることにならないか心配だ。

かつて、日中戦争から太平洋戦争敗戦時まで、日赤看護婦（日本赤十字社看護婦養成所を卒業した者）を中心に、５万人以上が従軍看護婦として戦地に赴いた。「忠君愛国」をたたき込まれた女性たちが、「女の兵隊」である従軍看護婦を志願したのだ。白衣の天使、崇高な女性ともてはやされ、「女ながらもあっぱれ」という賞賛の声が後押しした。だが、軍隊組織のなかでは最下層の傭人《ようにん》として扱われた。激戦地に送り込まれて命を落とした看護婦も多いが、戦死者の総数すら、いまも詳らかでない。

戦後補償も遅れた。兵隊には軍人恩給（年金）が支給されたが、「女の兵隊」は対象から外された。ねばり強い要求に応じて慰労給付金の支給が始まったのは、戦後30年以上たってからで、金額も少なかった。労に報いられることもなく、使い捨てられたに等しい。いま国難だからと、離職看護師たちの義侠心に訴えて、命の危険をともなう〝戦場〟に再び召集し、ゆめ使い捨てにすることがあってはならない。

（２０２０年４月27日）

＊　２０２４年春、日本医療労働組合連合会が全国の１２５施設を対象に調査したところによると、看護師募集人員に対して「充足していない」と答えた施設が67％にのぼった。不足の要因の一つはキャリアを重ねても給与が上がりにくいのが離職の一因（『朝日新聞』２０２４年８月26日）

ケアマネジャー、訪問介護の現場を語る

ケアマネジャーは眠らない

首都圏や近畿圏など計11都府県に2度目の緊急事態宣言が発令された（2021年1月7日）。それに伴って、医療の逼迫状況が盛んに報道されているが、介護の現場はあまり注目されていない。とりわけ、深刻な人手不足にあえいでいた訪問介護はどうなったのだろう。

神奈川県・湘南エリアの小規模な事業所で働く女性に話を聞いた。仮にSさんとしておく。Sさんは訪問介護を担当しているケアマネジャーで、障害者のケアも含め20年のキャリアがある。

神奈川県は東京都、大阪府に次いで3番目に感染者が多く、累計で3万人に迫っているが、湘南エリアはそれほどでもない。一つの介護施設で小さなクラスターが発生したが、すぐに閉鎖した

ので、そのまま収まった。感染者数は1月中旬段階で、２００人程度である。しかし、この1年で働く環境は大きく変わった。

取る。

　訪問介護のケアマネジャーの仕事は、まず要介護者の自宅を訪ねること。そして現状を聞き取る。1人暮らしか、家族がいるか、何に困っているか、どんな介護サービスを望んでいるのか。その上で、医師、看護師、ホームヘルパーらと会議をしてケアプランを作成、実行する。１人の人間を支えるチームの、要の仕事である。サービス開始後も、1カ月に1度は訪問して、きちんとサービスが行われているかといった点を、継続的に調査することが義務付けられている。コロナで外出が制限されて、家庭の密室性が高まり、家族の関係性の密度も上がった。そのため安否確認のための訪問が増えたという。ＤＶを含めた家族間のトラブルの危険性があるからだが、それは家庭内に入ってみないとわからない。

　常にアルコール消毒液を持ち歩く。事務所も朝昼晩と消毒している。コロナ以前より、やらなければならないことが増えた。当初は従業員が自分でマスクや消毒液を買い集めた。いまはＳさんにも、ガウン、サージカルマスク、ゴーグル、手袋が、支給されている。逆に言えば「何かあればすぐ現場に行け」ということ。利用者が発熱したときは、医師と連絡をとりながら、これらのグッズを持って駆けつける。いま担当するのは35人。週40時間勤務が基本だが、時間外でもトラブルがあると電話がかかってきて、即応しなければならない。1月9日からの3連休直前にも、肺炎を起こした人がいて、深夜まで対応に追われた。

「コロナが怖いけど、1人暮らしの人もいるし、重度の障害の人も担当している。わたしが行かなければ、どうにもならない。大変だと思ったらこの仕事は続かないから、人の役に立つことは楽しいと思いながら働いています。でもコロナ下では特別な緊張を強いられるから、ストレスがたまります」

この1年、県外の施設に入っている自分の母親との面会もできないでいる。

深刻な訪問介護職の人手不足

ケアマネジャーをはじめ介護職は以前から人手不足が言われている。飲食業界などでリストラが増加しているが、介護職に流れないのだろうか。

「景気が悪くなると介護に人が来ると言われているけど、リストラされても、なかなか来ません。感染の危険と隣り合わせの仕事だし、ストレスがあるからでしょう」

とSさん。介護の仕事を選んだ周囲の若者についてはこう話す。

「みんな自粛の意識が強いですよ。遊んでいる若者が取り上げられるけれど、介護の若者は飲みにもいかない、食べにもいかない、がまんしてます。それができなくなるとバーンアウト（燃え尽き症候群）。真面目であればあるほど、行き詰まる傾向があります」

収束が見通せないコロナ禍。介護の現場がパンクしてしまう前に、打つ手はないのだろうか。

「介護職の不満は、1番が労働環境で、2番目が待遇、報酬です。35歳で一般と比べると、10万円以上月収が少ないと言われてます。介護保険料が上がると事業所はもうかるが、現場で働くヘルパーまでいかない。差額の10万を詰めようとしているけれど、なかなか…」

人手不足は施設勤務より訪問介護職（ホームヘルパー）で深刻だ。厚労省によると、2019年度の訪問介護職の有効求人倍率は15・03倍。施設の介護職の4・31倍も高いが、それよりはるかに高い。コロナ禍はこれをさらに押し上げているのではないか。しかも訪問介護職は半分以上が非正規で、時給制がほとんど。身体介護と生活介護があるが、生活介護の時給は1200円から1500円程度で、移動時間は含まない。朝、昼、晩と1時間ずつ仕事をしても、5千円にもならない。

当然だが、離職率も高い。訪問介護の95%は女性だから、これは女性問題でもある。昨年末、介護・福祉の現場を支えている職員に対して、国から新型コロナ慰労金が支給された。「医師も看護師もヘルパーも作業療法士も、一律5万円なのはよかったと思う。この現場に立ち続けることで同じリスクに直面しているのだから。でも額は少ないし、1回きりだった」

家族の中で介護を担う人が、仕事を続けられなくなる「介護離職」も問題だと話す。

「介護離職させないというのは、わたしが強く意識していることです。主な介護者が妻だったり、娘だったりしたら、絶対に離職は防ぎたい」

息子が介護するケースで要介護者へのDVが多いとして、男性の介護力が問題になっている。

それは現場の実感に重なるという。

「結婚しないで家にいた人は、いつまでたってもお母さんはお母さんじゃなきゃいけない。甘えている人に介護はできません」

そして、いまや女性にも介護力が欠けてきていると指摘する。

「いま、高齢の父母を介護するのは、40代50代の均等法世代です。女性も学校から仕事へと、生活の中心が公的な場にあり、身のまわりの世話はお母さんにやってもらってきた人が多いんです」

娘も息子も介護力がないとなれば、施設や訪問介護の需要はますます増える。しかし、介護こそ人間でなければできない仕事だ。責任や負担の重さを考えれば、やりがいだけではできない仕事でもある。コロナ禍は感染の危険という負荷を加え、介護の体制をさらに脆弱にした。行政も事業者もサービスの利用者も、そこで働く人を支援する方向へ、力を合わせなければならない。

（2021年1月20日）

ジェンダーギャップは過去最低

「＃ＫｕＴｏｏ」キャンペーン

２０１９年の１年、日本社会は女性を含むマイノリティーの問題とどう向き合ってきたのか。12月17日（２０１９年）*、世界経済フォーラム（ＷＥＦ）が各国の男女格差（ジェンダーギャップ）を発表した。調査対象１５３カ国中、日本は過去最低の１２１位。１０６位の中国や１０８位の韓国より下である。その大きな理由は、政治分野の遅れだ

ＥＵでは、欧州中央銀行（ＥＣＢ）総裁にクリスティーヌ・ラガルド、欧州議会委員長にウルズラ・フォンデアライエンが就任、ツートップを女性が占める。冒頭に示した男女格差調査は、経済・教育・健康・政治の４分野が対象で、政治分野の順位が足を引っ張っている。女性の政治

への進出がこのような状態では、国際社会の動きについていけない。なにより、政治家たちの危機感の希薄さが問題だ。

「女性が仕事でヒールやパンプスを履く風習をなくしたい」。ライターで女優の石川優実《ゆみ》がツイートしたのは2月。まもなく「靴」と「苦痛」をかけた「#ＫｕＴｏｏ」運動として広がり、石川はネット上で署名活動を開始した。6月、厚労省に1万８８００人の署名と要望書を提出した。これに根本匠厚労相が「社会通念に照らして業務上必要かつ相当な範囲」と、強制を容認するかのような発言をして抗議が相次いだ。ホテルや航空業界といった接客業では、服装規定でヒールを強制しているところが多いが、4月に格安航空会社の「ＺＩＰＡＩＲ　ＴＯＫＹＯ」は、男女とも制服の靴にスニーカーを採用すると発表。ＪＡＬは客室乗務員にも地上職員にもパンプス着用のルールはそのままだが、２０年4月から女性客室乗務員の制服に初めてパンツスタイルを採用する。働く女の健康や安全を考えて、まずは足元の「働き方改革」を進めてほしい。

性暴力に「ノー」の声をあげる

3月、性暴力・性虐待犯罪への地裁無罪判決が4件相次いだ。一つは名古屋地裁岡崎支部で、19歳の娘への準強制性交罪に問われた父親の判決。父親の性的虐待を認めながらも「抵抗することが困難だったとはいえない」として無罪にした。まさかの判決だった。

4月、作家の北原みのりらが呼びかけた東京駅前広場の抗議デモには400人以上が参加。以後、毎月11日、性暴力への抗議の意思を示そうと、手に花を持った女たちが全国で「フラワーデモ」を続けている。

こうした動きのきっかけは、17年にジャーナリストの伊藤詩織が、元TBS記者の山口敬之によるレイプ被害を告発したことだろう。12月18日の東京地裁判決は「合意なき性行為」と認め、被告の山口に330万円の支払いを命じた。今年は性暴力に「ノー」の声をあげる動きが広がった画期的な年になった。声をあげた被害者を孤立させず、支援の輪を広げていかなければならない。

7月17日発表の第161回芥川賞と直木賞の受賞者は、芥川賞が今村夏子の『むらさきのスカートの女』、直木賞は大島真寿美の『渦　妹背山婦女庭訓　魂結び』となった。直木賞は候補者6人が全員女性だった。選考委員の桐野夏生が「全員女性ではありますが、一言でくれないほど多様性に満ちていて、面白い選考だった」と講評している。両賞を女が独占するのは、13年第150回の芥川賞に小山田浩子、直木賞に朝井まかてと姫野カオルコが選ばれて以来6年ぶり。

長い間、近代文学は男性作家中心で、女性作家を「女流」と括って平気だったが、ようやく男女とも「作家」で通用するようになり、近年は女性の活躍が目覚ましい。選考委員もかつては男ばかりだったが、現在は芥川賞が男女半々、直木賞は男6人女3人である。ちなみに書店員が選ぶ「本屋大賞」も、15年・上橋奈穂子『鹿の王』、16年・宮下奈都『羊と鋼の森』、17年・恩田陸「蜜蜂と遠雷』、18年・辻村深月『かがみの孤城』、19年・瀬尾まいこ『そして、バトンは渡された』と女性の受賞が続いている。

19年は同性カップルを認めるパートナーシップ制度を導入する自治体が急増した。**

LGBTカップルを「子どもを作らないから、生産性がない」と断じたのは杉田水脈自民党議員だが、東京都渋谷区、世田谷区を皮切りに、札幌市、福岡市、大阪市など政令市を含む約30の自治体に広がっている。

自治体が婚姻と同等の関係として認めることで、緊急時の病院での面会や賃貸住宅への入居がしやすくなった。12月には横浜市が性的少数者や事実婚カップルを対象に「横浜市パートナーシップ宣誓制度」を開始した。人口が多い自治体が取り入れたことで、差別や偏見の解消、支援の輪が全国に波及することが期待される。台湾では5月に立法院で同性婚を合法化する法案が成立した。アジア初だった。女性への、そしてあらゆるマイノリティーへの偏見や差別、格差を解消する動きが、今後も広がっていってほしい。


（2019年12月27日）

＊　2024年版「ジェンダーギャップ報告書」によると、日本は146カ国のうち118位で、前年の125位からは改善したが、G7中で最下位であることには変わりがない。
＊＊　2024年6月には、459自治体がパートナーシップ制度を導入し、7351組が登録している（渋谷区・虹色ダイバーシティ・全国パートナーシップ制度調査）。

男女共同参画センター、予算減や廃止で存立の危機

テレビ朝日の女性蔑視ＣＭ

「どっかの政治家が『ジェンダー平等』とかってスローガン的にかかげてる時点で、何それ、時代遅れって感じ」と若い女性が語る。テレビ朝日が公開した「報道ステーション」のウェブＣＭは、女性蔑視ではないかとネットで炎上した。

テレビ朝日はＣＭを取り下げ、謝罪コメントを出して「不快な思いをされた方がいらしたことを重く受け止める」と謝罪したが、どのような経過でこのようなＣＭが作られたのか、それに関与した人が今どう考えているのか、そしてこれからどうジェンダー不平等の解消に取り組んでいくのか。それらを明らかにすることのない反省は、うわべを繕っただけと言うしかない。

コメントでは「議論を超えて実践していく時代にあるという考えをお伝えしようとした」とも釈明している。しかし、実践の前提には正しい状況認識があるべきだ。ジェンダー平等をかかげることを「時代遅れ」とする評価は、現状認識があまりにも甘く、それこそが時代遅れ、時代を逆戻りさせる。

東京五輪・パラリンピック組織委員会の森喜朗前会長の女性蔑視発言以来、「ジェンダー」という言葉がテレビの情報番組や週刊誌などで当たり前に語られるようになった。つい最近まで「ジェンダーって何」という反応が普通だったことからすれば、男女平等に向けて一歩前進という印象がある。

一方で、テレビ朝日のCMにも見られるような言説は、バラエティー番組やSNSばかりか、新聞にもときどき顔をのぞかせる。最近も全国紙に、女性同士の対立をことさら強調し、ジェンダー平等を揶揄するような論説が堂々と掲載された。こうした人たちは、女が社会の表に出てくるのが、よほど目障りなのだろう。

山梨県の男女共同参画センターが統合の危機

都道府県や市区町村に設置されている男女共同参画のための施設は、名称はさまざまだが、このような「時代遅れ」の人びとを啓発し、ジェンダー平等を推進していくことを目標の一つとしている。

ところが、その存立が危ぶまれる現象が起きている。昨年末（2020年）に閣議決定した第5次男女共同参画基本計画には、「男女共同参画センターは、地域において男女共同参画を推進するための重要な役割を担っており、その機能を十分に発揮できるよう支援する」とあるが、実態は予算が切り詰められ、廃止や縮小、統合が進んでいるのだ。

国際女性デーの3月8日、参議院予算委員会で宮沢由佳議員（立憲民主）が、このことを数字を示して追及した。都道府県の男女共同参画センターの平均予算額は、2002年に1億6700万円だったが、13年には半分の8800万円になり、さらに20年には7800万円に減少している。

宮沢議員が「その目的や必要性、意義を訴えてこなかった国に責任がある」と述べると、丸川珠代男女共同参画担当相も、地方自治体の予算が年々減り、施設数も若干減っており「憂慮すべき状況にある」と認めた。

現在、廃止に直面しているのは、山梨県内の男女共同参画推進センターである。県内にはセンターが3館あるが、うち都留市にある「ぴゅあ富士」と南部町にある「ぴゅあ峡南」を廃止し、甲府市の「ぴゅあ総合」に集約する方向で検討している。老朽化する施設の維持に多額のコストがかかるため、一つにして合理化を図るという。

これに対して県女性団体協議会など55団体と個人の連名で、「ジェンダー平等の意識改革の身近な『場』（人材を含め）が奪われる」として、集約化を見直すよう県議会に請願した。*

神奈川県でも人権男女平等参画課が消える

施設ではなく組織再編による施策の後退が懸念されるのは神奈川県である。4月1日の組織再編で、人権男女共同参画課がなくなる。再編後は、子どもみらい部などと統合され、共生社会推進本部室となる。県は体制強化になると強弁するが、「男女共同参画」の名称は消える。

3月中旬には女性団体や弁護士、元首長らによる「『人権男女共同参画課』の名称はずしを許さない連絡会」が結成され、19日、組織・機能の維持を求める要望書を黒岩祐治知事に提出した。要望書は「県民の悩みを解決する窓口は分かりやすく、容易に探せるものでなければならない」と部署名を残す意義を強調している。同日の県議会では複数の議員から、人権や男女共同参画をめぐる県の施策の弱体化を危惧する声があがった。

神奈川県はかつて女性行政のトップランナーだった。1975年の国際女性年をきっかけに、いち早く女性行政の専管部署を設けた。女性の地位向上プランを作り、社会参加の活動拠点として、全国に先駆けて82年、藤沢市江の島に県立婦人総合センターを設置した。ユニークな施策を次々と展開し、他の自治体のお手本になった。

しかし、2000年になって急に県議会で女性センターの移転問題が浮上。県は移転先を探るとともに事業を縮小する方向という。和書では国内一を誇る付属図書館の約12万冊の蔵書も減らすという。センターを拠点に長いあいだ研究活動をしてきた史の会（代表・江刺）は、移転反対をたびたびセンター側に伝えるとともに、女性問題図書の貴重性を訴え、話しあいを続けた。

２００８年に入り、県は「かながわ女性センターのあり方等に関する検討会」を設け、わたしも史の会代表として委員を委嘱され、委員会で付属図書館の存続意義を主張し、地域女性史資料室（アーカイブ）の設置を求める意見を述べた。並行して史の会は「かながわ女性センター図書館についての陳情」を県内外から集めた6千人の署名を添えて、委員会終了後、県議会に陳情。せっせと傍聴にも通った。その後の複雑な経緯は略すが、一時は移転問題が消えほっとした。

２０１１年、黒岩裕治知事になってからはあっという間だった。事前に広報がないまま、老朽化している上に、東日本大震災時のような津波が江の島にも来たらどうするんだという理由で、意見を聞かれることもなくセンター閉鎖が既定事実になり15年、藤沢市鵠沼の合同庁舎に移転。規模は8分の1に縮小し、付属図書館は、横浜市西区の県立図書館内の女性関連図書室に移り、貴重な図書の多くが処分された。かながわ男女共同参画センター（通称、かなテラス）に名称を変えたセンターに、かつての輝きはもう見られない。そこに行けば、誰か顔見知りに会え、新たなつながりもできて、たびたび女性史関連の講座やイベントが開かれ、いくつもの女性史研究会が誕生し巣立っていったのに。十数年、センターと図書館を守るために多くの時間とエネルギーを費やしたのが徒労に終わり、どっと疲れが出たのを思い出す。この国の女性行政の貧しさを露呈したなりゆきで、その一端を書き留めておく。そして、今回の名称問題である。

この2県の廃館と組織改編に共通するのは、県民に計画の内容が知らされず、したがって検討への参加もできない状態で、年度末になって明らかになったことだ。「コロナ下のどさくさ紛れで進めた」と言われても仕方がないようなやり方だ。

男女共同参画への動きを、今なぜ、後退させるのか。コロナ禍で非正規・不安定雇用の女たちは貧困に苦しみ、家庭内でのDVや虐待被害の危険も高まっている。深刻な状況にあって、この人たちを支えているのは主にNPOの女たちだ。その多くは、男女共同参画センターが育てたり、センターを足場に活動を広げていったりした人たちである。今は廃止や縮小に向かうときではなく、センターの機能をより強化し、充実させるべきではないのか。

各地のセンターが長年培い、築いてきた有形無形の財産を破壊しようとする「時代遅れ」の人たちの認識や感覚を変えていくためにも、拠点となるセンターや組織をもり立てていかなければならない。

（2021年4月2日）

＊　請願や署名運動の結果、2館は予算も機能も人の配置も縮小して残り、一定の成果を残したことになる。ぴゅあ峡南は閉鎖して別の場所に3室程度を確保、ぴゅあ富士は建物を県から市に移譲し、その中に県が新たに3室程度を借り受ける形になった。

VI

悼詞

加納実紀代、被害と加害の二重性から逃げず

未完の「『平和』表象としての鳩と折鶴」

2月22日（2019年）、女性史家の加納実紀代が亡くなった。満78歳。持病の肺気腫の進行に加え、昨年5月、すい臓がんが判明した。もがき苦しみながらも、11月には新刊『「銃後史」をあるく』（インパクト出版会）を出版した。500ページに及ぶ大冊で、フェミニズム批評家でもある加納の思考の広がりと深まりが俯瞰できる論考集である。

11月17日、出版を祝う会が川崎市のホテルで開かれた。社会学者の上野千鶴子、ジェンダー研究の井上輝子らの呼びかけで48人が参集した。多彩な顔ぶれは、女性学、ジェンダー史学、文学といった隣接分野の人々とも交流を重ね、議論を闘わせてきたゆえの人脈の広さ豊かさを示し、

次世代へのバトンタッチもできていることをうかがわせた。

お祝いの会なのに、みんなにお別れを告げる心づもりだったのだろうか、和服姿の背筋をシャンと伸ばし、時折柔らかな笑みさえ浮かべていた。

この日のハイライトは、「『平和』表象としての鳩と折鶴」という新構想のプレゼンテーション。パワーポイントを使い、約30分の熱のこもった講演だった。鳩と折鶴が「平和」の表象になるまでの歴史をたどり、しかし、８月15日に靖国神社で白い鳩が放たれ、折鶴が奉納されるなど、「右」に回収されたと指摘し、「平和」の多様性と表象の政治学にまで踏み込んだ。いずれはこのテーマで書きおろして１冊にまとめようと、病床でも資料を読み込んでいたというが、かなわなかった。

『銃後史ノート』18冊がもたらした成果

加納の仕事といえば、まず『銃後史ノート』戦前・戦後編あわせて18冊の刊行が挙げられる。在野の女性史研究グループ「女たちの現在《いま》を問う会」に集まった人々との共同研究で、１９７６年から20年に及んだ。

もっぱら戦争の被害者として語られてきた女たちが、戦争中、国防婦人会などの女性団体で生き生きと活動し戦争に協力したことを、新聞などの資料にあたり、聞き取りを重ねて論証した。被害と加害が重層しているという視点は、以後の女性史研究に大きな影響を与えた。

もう一つの大きなテーマは原爆問題だが、銃後史を問い続けた地平と重なりあい、問題意識は連続している。５歳のとき広島で被爆、父は爆心から５００㍍の地点で死んだ。戦後は母、兄との貧しい暮らしがあり、被爆者であることは、結婚、出産という人生の節目のたびに彼女を脅かした。しかし研究に取り組む中で、父が陸軍軍人で、自分が韓国ソウルの陸軍官舎で生まれたという出自と向きあうことになる。原爆の被害者でありながら、侵略者の子であるという加害者性から逃げなかった。二重性を直視することで思考を深めていった。従軍慰安婦問題や徴用工訴訟が日韓関係を揺るがしている今こそ、加納の真摯な姿勢は重い意味を持つ。

広島への原爆搭載機が発進したテニヤン島、初めて原爆実験が行われたアメリカのトリニティ・サイトにまで足を運んでいる。そのあとに東日本大震災が起こり、福島第一原発事故が発生した。

彼女は震え、怒る。被爆国がなぜ原発大国になったのか、ヒロシマはなぜフクシマを止められなかったのか。慚愧の念にせかれつつ、改めて「核」を軸に戦後史の検証に取り組んだ。その応答が２０１３年刊行の『ヒロシマとフクシマのあいだ』に詰まっている。

加納実紀代

天皇制も早くからこだわったテーマだった。論集『女性と天皇制』やアンソロジー『思想の海へ　反天皇制』を編み、フェミニズムの視点で天皇制を問うた『天皇制とジェンダー』もある。代替わりと新元号の実施を見届けたかったとつぶやいたと伝え聞いているが、どんな言葉を発するのか、聞きたかったし、読みたかった。

仕事の幅は広く、奥行きも深い。地域女性史編纂にも貢献した。わたしがともに編纂事業に関わったものだけでも、神奈川県の女性史『夜明けの航跡　かながわ近代の女たち』『共生への航路　かながわの女たち’45～’90』『多摩の流れにときを紡ぐ　近代かわさきの女たち』がある。ノンフィクションから女性史研究へ、異分野に迷いこんだわたしは3冊の編纂の過程で教わることが多かった。銃後史の研究者らしく

加納実紀代
『「銃後史」をあるく』出版を祝う会で
2018年11月17日

「じゅうたん爆撃でいこう」とハッパをかけられた。根こそぎ史料を集めようという意味である。史料批判の大切さも学んだ。

わたしは戦後の広島で原爆文学に出会った。加納とヒロシマを共有したことで、1995年にかながわ女性センターで開催したシンポジウム『女がヒロシマを語る』から、同じタイトルの記録の刊行まで協働した。

川崎市の自宅と箱根の仕事場を車を飛ばして往復し、特任教授を務めた新潟の敬和学園大学に通い、広島や沖縄をたびたび訪れた。海外にも出かけた。クアラルンプールからシンガポールまでのバス旅は、戦時中の日本軍の進軍による加害の跡をたどるためだった。現場に立ち、文献では読みとれないものを見て、聞いて、独自の思想に収斂させた。誰よりも行動するフェミニストだった。

研究会に「女たちの現在《いま》を問う会」と名付けたように、歴史研究にとって現在に対する問題意識が大切であると、繰り返し強調した。スマホから目を上げて「現在」に疑問を持ち、歴史に学ぼう。そして、変えてゆこう。そう若い人たちに呼びかけている（松井久子編『何を怖れる　フェミニズムを生きた女たち』）。同時代に生まれて、こういう人に出会い、近い場所でその力強い仕事ぶりに接することができたことを幸せに思う。

〈2019年3月2日〉

山口美代子、ライフワークは「資料と女性」

メモ１枚も活動の記録

平塚らいてう、市川房枝らが女性の政治参加の権利を求めて新婦人協会を設立したのは、ちょうど１００年前の１９１９年１１月。協会は政府への請願運動を繰り返し、３年後には政治参加を禁じた治安警察法第５条の一部改正を果たして解散した。

市川はその後も婦人参政権運動（婦選運動）を続け、女性参政権が実現した戦後も、女性の地位向上に努めた。参議院議員に５回当選している。

山口美代子
1981年、国会図書館で

エネルギッシュな市川の運動の特質の一つは、資料を大切にしたことだ。メモ1枚も活動の記録ととらえ、戦時中も資料を東京郊外に疎開させて空襲からまもった。都合の悪い資料を隠し、あるいは廃棄して平然としている今の政府関係者とは、記録に対する姿勢が違い、敬虔とさえいえる。

市川が87年の生涯を終えたのち、拠点にした東京の婦選会館と自宅には膨大な資料が残された。その宝の山に分け入って、整理し、検証し、保存し、誰でも見られるようにデータベース化した人がいる。9月25日(2019年)に90歳で他界した山口美代子。この1年余、山口の協働者である女性たちと、山口に聞き取りをした。テーマは自分史と仕事について。もっと聞いておきたいことがあったが、もうかなわない。メモを頼りに墓碑銘を書かせていただく。

図書館との出会い

山口は1929年生まれ。横浜の小学校を卒業したのち、裁判官の父の赴任地、朝鮮の京城に2年、元山に3年、元山公立高等女学校を卒業した。元山女子師範学校に進学した年に敗戦、ソ連軍に追われ命からがら引き揚げている。家族が離ればなれになる体験から、ひとりでも生きぬけるよう手に職をつける大切さを思ったという。

戦後も父の転勤で函館、旭川と移り、両市の図書館に職を得たのが図書館との出会いだった。

すばらしい図書館人たちと仕事をして、その魅力を深く知り、54年に東京に戻ってから東洋大学の図書館学科に通って司書資格を取得した。

まもなく結婚したが1年余で夫と死別。58年に国立国会図書館に就職し、91年に退職した。この間に2人の先達、丸岡秀子と市川房枝の知遇を得たことが、人生の方向を決めていく。

71年、ドメス出版の鹿島光代が発案・企画して『日本婦人問題資料集成』の編集が始まった。女性問題資料を総合的に集めた出版物が皆無の時代に、人権・政治・労働・教育・家族制度・保健福祉・生活・思潮の8つのテーマ別に原資料を集め、この9巻（思潮は上下）に「近代日本婦人問題年表」を加えた全10巻で、市川や専門研究者らが編集・解説にあたった。81年に全巻完結した。

アカデミーではほとんど無視されてきた女性史研究、女性問題解決のための基礎工事ができたと、歴史家やジャーナリズムから高い評価を受け、毎日出版文化賞を受賞した。

このとき「生活」と「思潮」を担当した丸岡秀子から、山口に手伝ってほしいと声がかかる。丸岡は農村女性や教育問題など多岐にわたって評論活動をした人で、山口の義姉にあたる。任されたのは第10巻の年表の編集。明治から1975年まであらゆる分野を網羅した総合年表を編むことだった。

山口は学究的な国会図書館女性職員6人との共同作業を続け、5年をかけて仕上げた。専門職として書庫に自由に出入りできる立場を利用しての資料の渉猟であり検出であったが、余暇を利用しての作業は困難をきわめた。その結束力の強さからメンバーは「山口組」と呼ばれた。まさに記念碑的な仕事で、以後、女性史を研究する者には手放せない座右の書となった。

市川房枝の志を自らの志に

山口はこの仕事の流れで、女性論の原典資料を網羅し、解説した『資料　明治啓蒙期の婦人問題論争の周辺』（89年）も出版している。

市川房枝とは「政治談話録音」の担当になったことで信頼された。国会図書館は61年から87年まで、日本の政治史上で重要な役割を果たした政治家の声を記録して音源を残すプロジェクトを進めた。山口は入念な下調べをして質問内容を検討し、78年に2回、延べ7時間、市川の聞き取りをした。10人の政治家のオーラルヒストリーが公開されているが、女性は市川だけである。

国会図書館員としての最後の大仕事は、議会制度100年にあたる90年に開かれた「日本の議会100年」の展示である。山口はこの中の特別展「女性と政治—平等への歩み」を担当した。国会図書館では初めての女性の政治参加をテーマとする特別展だった。

展示されたのは、津田塾大の創立者・津田梅子が北海道開拓使の事業として米国に留学した折の皇后の「御沙汰書」、女性運動家たちの日記や書簡、女子教育関係の資料など。当時、わたしにとっても初めて目にする原資料ばかりだった。半日、展示のガラスケースに張り付いて文字を追ったのを思い出す。

この頃山口が１人でこつこつと仕上げたのが、『市川房枝の国会全発言集―参議院会議録より採録』（92年刊）。参議院議員５期、25年間における計２３２回の国会発言を集め、「政治信条を貫いた声の記録」と解説している。

こうして市川の活動の跡をたどりながら山口は、「市川の志を自分の志とする」と心に決めたようだ。「資料と女性」をキーワードに、後半生を生き抜く。

ボロボロと崩れる紙資料

「市川房枝の志を自分の志とする」と心に決めた山口美代子だが、市川の没後に残された膨大な資料群を初めて目にしたときは驚いた。見てほしい資料があると言われて東京・代々木の婦選会館に行ったら「お風

政治談話録音。ソファに座る右から2人目が山口。左が市川房枝

呂屋さんの脱衣かごのようなもの」がうずたかく積みあげられていた。それぞれにごく簡単な説明が書かれた荷札がついている。かごの中には、新聞紙に包まれたものが、ほこりにまみれて入っていた。これを整理するのは、体力勝負だと思ったという。

本格的な作業開始は、国会図書館退職後の１９９５年から。週に3回、婦選会館の市川房枝記念会に通い、のちに協働者が加わるが、最初は１人で資料の山に向き合った。触っただけでボロボロと崩れてしまうような紙の資料もある。１枚ずつ注意深く広げる。いつのどんな書類か調べ、手書きでカードに記録する。

ガリ版刷りのチラシや著名人の書簡といった運動の思想につながる資料もあれば、活動費捻出のためのバザーの会計簿、原稿やメモ類を含む私文書もある。

婦人参政権運動の関係だけでなく、広範囲の社会問題に関わる資料が含まれていた。例えば、同時代の女性団体の記録、紡績工場の視察記録、母子心中防止対策の請願といったものまで。

これらを市民運動、消費者運動、戦時下での国策協力、社会労働問題、海外の女性団体との交流といった内容別に分ける。実物を中性紙の封筒に移して保存する一方、全てをマイクロフィルムに記録していった。

10年の歳月を費やした。１９１８年から46年まで28万点の資料の中から8万点をマイクロフィルム化して、公開したのは２００５年。「婦人参政関係史資料　内容細目一覧Ⅰ」全53リールが市川記念会から発行された。細目はパソコンで検索できるようにした。

過去から未来へ橋を架ける仕事

こうして、女性の政治参加の権利を求める運動がよみがえった。それは当時の社会情勢をも映す。女性問題の研究者はもちろん、歴史研究者からも昭和史資料の宝庫だと喜ばれた。

しかし、これは一区切りに過ぎなかった。残りの47年以降の資料に加えて、あとから出てくる資料も多くあった。現在も「山口組」を中心にして整理、検証、目録データ作りが続いている。山口は「わたしが生きている間には終わらないだろう」と言いつつ、最近まで週1回は現場に顔を出し進行を見届けて逝った。

2005年からこのデータを活用して、市川の全体像を解明するための「市川房枝研究会」が発足。女性史研究家の伊藤康子と山口を中心にして調査、研究にあたった。その成果として、2017年、『市川房枝の言説と活動』全3巻が完成した。市川の生誕から死去までのできごとが日めくりでわかる。19年9月には、市川の初めての本格的評伝である伊藤康子『市川房枝―女性の一票で政治を変える』も出版された。

「市川房枝研究会」の両輪。
女性史研究者の伊藤康子（右）と山口美代子

山口は司書としての専門性を頼りにされ、国立女性教育会館（埼玉県嵐山町）をはじめ各地の女性センター図書室の蔵書構成にもかかわってきた。横浜の大倉精神文化研究所図書館、横浜開港資料館などの目録作りにも携わった。横浜女性フォーラムによる『横浜に生きる女性たちの声の記録』（全4集）では、20人の女性にインタビューし、声を刻んでいる。

ジョークが得意でソフト。人を育てるのが上手で面倒見のいい人柄を慕われ、身辺はいつも賑やかな笑い声が絶えなかった。国会図書館職員の労組の婦人部長も務め、のちの世代が働きやすい環境作りに努力したという。そのせいか、お別れの日には多くの元職員が集まって別れを惜しんだ。

戦後、女性参政権は実現し、今年は候補者数を均等にするよう求める「政治分野の男女共同参画推進法」もできたが、政策決定の場への女性の参加は遅遅として進まない。働く女性は増えたが賃金は低いままだ。どうすれば男女平等の社会を築けるのか。

過去の女性の歩みを手がかりに、現代の問題に取り組むことが大切だ。山口が資料を整理し、記録してくれたのは、理論と運動の両面での新しい展開に期待したからだ。途方もない根気と努力を必要とする裏方の仕事を支えたのは、過去から現在、そして未来に橋を架けるという希望だった。これを活かすのは、わたしたちである。

（２０１９年10月9日、10日）

関千枝子、書き続け訴え続けたジャーナリスト

「セーラー服の反乱」で高校併合を阻止

ジャーナリストの関千枝子が2月21日（２０２１年）、出血性胃潰瘍で急死した。88歳で現役のジャーナリスト、ペンを持ったままの旅立ちである。関といえば、『広島第二県女二年西組　原爆で死んだ級友たち』をはじめ、原爆被爆者としての著作や、被爆地でのフィールドワークが知られているが、それだけではない。新聞記者歴も長く、住民運動の担い手としても活動範囲は広かった。近くにいたつもりのわたしも知らないことが多いと思うが、知る限りで関の仕事を記して、送る言葉としたい。

１９３２年、大阪生まれ。東京で育ち、東京女学館初等科から中等科に進学。44年5月、港

湾倉庫会社勤務の父の転勤で広島に移り、県立広島第二高等女学校（広島第二県女）に転校した。2年生になった45年は、ほぼ勤労動員の毎日で、8月6日を迎えた。勤労動員とは第2次大戦中、軍需産業や食糧増産に、主として中等学校以上の生徒を強制的に従事させた非常措置である。

その日、市の中心部には広島市内の女学校・中学校の生徒が大量動員されて、空襲による延焼を防ぐための建物取り壊し作業（建物疎開と呼んだ）をしており、6千人以上が被爆死した。関の級友39人も亡くなり、作業していた人で生き残ったのは1人だけ。関は病気欠席で命拾いをして、自責の念に苦しむ。

しなやかな反骨精神を養ったのは、戦後民主主義教育である。戦後の教育は、学制改革で二転三転したが、混乱期に学んだ毎日が愉快だったと、著書『若葉出づる頃　新制高校の誕生』（2000年）で回想している。

広島第二県女は新制度で広南高校と改称したが、小規模校のため第一県女に併合する話が持ち上がる。緊急生徒会で反対運動をすることが決まり、生徒たちは県議会議員を訪問し、血判を押した嘆願書を提出し、併合を審議する県議会を傍聴した。地元紙も「セーラー服の反乱」と書いて応援、併合案はつぶれた。「エライヒト（権力）が決めたことでも、〃猛烈な運動

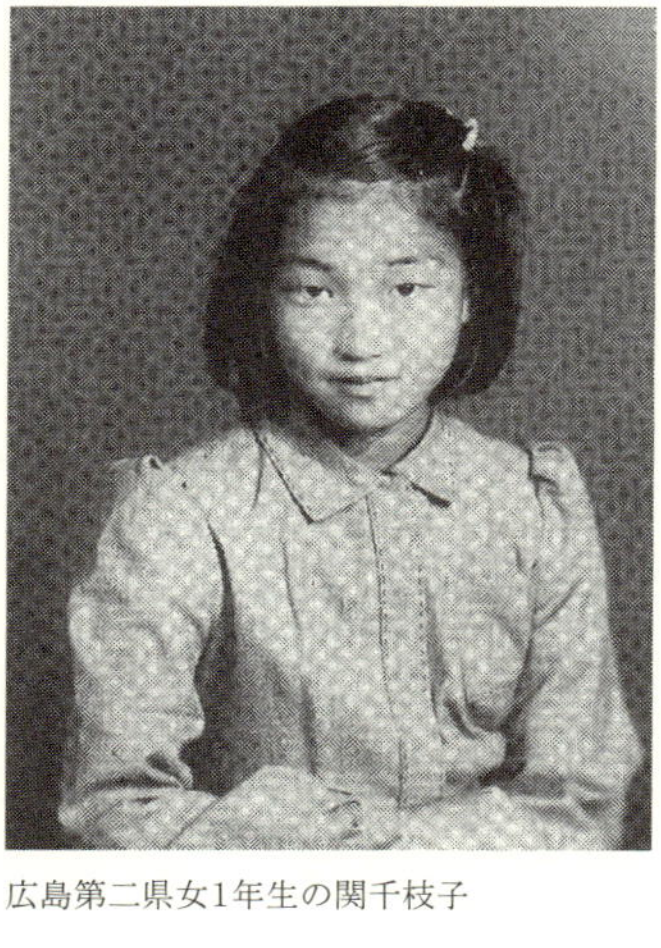

広島第二県女1年生の関千枝子

をすれば〃ひっくりかえすことができることを身を持って知った。反対は態度で示さなければならない、と痛感した」。その後の彼女の運動の「始まりがこの併合反対運動だった」と書いている。

49年、広島市の新制高校は再編成され、関は県立広島国泰寺高校3年生になった。男女共学1期生で、勉強もクラブ活動もフル稼働。中心になって生徒会規約を作り、文芸部と新聞部に所属した。

男子と一緒に活動して「能力に、根本的に男女差がないことを身をもって知り」、人生の選択が変わる。高校再編前の第二県女からの進学は、ほとんどが広島女子専門学校（現・県立広島大）だったが、関は東京の私立の文系に進みたいと強く望み、1年前には思いもしなかった早稲田大文学部に入学する。

女性の支局記者1号

「新聞大好き人間」を自称する関は、大学卒業後の54年、難関の試験を突破して毎日新聞社に入社した。各社に女性記者は数人しかいない頃だった。その年の毎日新聞の採用は7人だったが、うち女性は関1人。入社してみると、当時、労働基準法で女性の深夜労働が禁止されているのを理由に、支局や政治部、外信部には配属されない。

記者として1人前になるには、警察回りと地方支局勤務経験が必要と研修で言われたが、わたしは1人前にならなくていいのかと、編集局長に直訴し、千葉支局勤務となる。女性の支局記者1号で、それが当たり前になるのは86年の男女雇用均等法施行以降である。1年弱で本社に戻って社会部員になり、都内版や皇太子（現、上皇）のお妃担当を経て、草創期のテレビ放送欄を担当。60年にはウィーンで開かれた国際ジャーナリスト機構の世界大会に日本ジャーナリスト会議の代表団の一員として出席した。

帰国後は、労働組合の婦人部長として妊娠中の特別休暇要求などに力を注いだ。自身も同僚と結婚して2人の子を出産。保育園がなく、お手伝いさんを2人雇って自分の給料はほとんど消えたという。

67年、夫が米国勤務となり、退職して渡米した。子どもも3人になって忙しかったが、現地の日本語補習学校に図書室を作った。図書館こそ民主主義の基礎であると気付いたからだ。74年に帰国、図書館作り運動に打ち込んだ。

横浜市金沢区に住んだが、この頃の横浜市の図書館行政は話にならないほど貧しく、1区に1館もなかった。77年、地域文庫や子どもの読書活動に取り組んでいる人たちと「金沢区に公共図書館を作る会」を結成し、行政当局への働きかけ、会報の発行、運動の輪を広げる宣伝や学習・調査活動に取り組んだ。会報『ふみくら　金沢区に公共図書館をつくる会ニュース』には、「いい図書館とは何か　私の図書館論」と「私が選んだ子どもの本」を連載した。米国の人口6万の町に図書館が4館あり、年中無休で夜中まで開館、じゅうたんを敷き詰めて、車椅子用のスロープがあり、子どもたちにストーリーテリングが開かれていると紹介している。

『図書館の誕生　ドキュメント・日野市立図書館の20年』を出版した86年から15年間は「横浜の図書館を考える集い」の代表世話人として活動を続けたが、最大の目的だった1区1館の壁を破れなかった。現在の横浜は1区1館になったが、関が理想とした図書館サービスにはほど遠い。水道の蛇口をひねればどこでも同じ水が出るように、どこに住んでいても求める本が手に入る。それが彼女の願いだった。

挫折を経て知った女の生きづらさ

80年に離婚後、『全国婦人新聞』(95年に『女性ニューズ』に改称)に就職した。50年創刊の旬刊紙で、組織に属さない独立商業紙。のち編集長になり、「女による、女のための、女の新聞」を目指す。環境保全、消費者保護、人権擁護といった問題に女性の視点で迫った。スタッフは4、5人だったから、編集長も取材編集はもちろん、スポンサー回りから発送作業までした。92年には日本ジャーナリスト会議賞特別賞を受けたが、2006年に休刊した。

井上光晴編『辺境』に母子家庭の貧困、老後問題をルポして連載。『この国は恐ろしい国　もう一つの老後』(1988年)にまとめたのは、自身が直面している問題でもあったからだろう。

豊かな国と言われながら、貧困が女性問題化しているのを鋭く指摘しており、今日にもつながるテーマである。
挫折を経験し、弱小媒体で働いた思いを次のように語っている。（春原昭彦他編『女性記者　新聞に生きた女たち』１９９４年）
「挫折の中で、女であることの辛さ、生きにくさが見えてきました。初めて婦人問題、女の問題が分かったように思えます」「私は、あのまま『毎日』の記者を続けていたら、きっと気付かなかったと思います。例えば、女の低賃金や中小企業の実態を新聞記者は、分からないのではないでしょうか」。

原爆を生き延びたことへの自責

関千枝子の代表作は、被爆死した同級生たちの最期をドキュメントした『広島第二県女二年西組　原爆で死んだ級友たち』。関がその取材を始めたのは、姉の黒川万千代の写真集がきっかけだった。

黒川は広島女子専門学校（現・県立広島大）在学中に被爆。神奈川県原爆被災者の会を結成し、日本被団協事務局次長も務めた。エネルギッシュな平和運動家で、広島市内に１００以上ある原爆慰霊碑の写真を５年がかりで撮り、１９７６年に『原爆の碑　広島のこころ』を自費出版した。

初めて出版された慰霊碑の写真集で、関は解説の文章を手伝う。そして決意する。
それまでは遺族に被害の状況を聞くのは、傷痕をかきむしるようで、そっとしておきたかった。だが30年たった。むしろきちんと事情を聴き、記録を残したい。それが死者への供養になるはずだ。

当初はほとんどの遺族の住所が不明だったが、周辺の人びとの協力を得て全遺族の住所が判明する。毎年8月6日前後に数軒ずつ訪ねて、30年たっても変わらない遺族の悲しみに触れた。調査を重ねて証言を突き合わせ、できるだけ正確な記録をと心がけた。

渾身のルポルタージュが本になったのは85年。反響は大きく、第33回日本エッセイストクラブ賞と日本ジャーナリスト会議奨励賞を受賞した。

出版までに8年もかかったのは、『全国婦人新聞』の記者をしながらの子育てという多忙さや取材経費の負担に加え、靖国神社の問題が絡んでいた。

靖国神社公式参拝違憲訴訟の原告代表に

関千枝子、2018年

関の姉、黒川万千代

死んだ級友たちは靖国神社に合祀されていた。戦時の国策である勤労動員で建物の取り壊しをしていた少年少女たちは、「お国のため」に死んだのだと、生徒の親たちが遺族年金を求めて国に働きかけた結果、「準軍属」として靖国にまつられ、その後、叙勲も受けた。遺族の多くは喜んだ。

だが関は、戦争遂行において決定的に重要な役割を果たした靖国神社に、国策の犠牲になった級友たちがまつられるのはおかしいと考えた。それに他の被爆者や空襲で死んだ人たちは何の補償も得ていない。遺族の心情を思い、迷ったが、『広島第二県女二年西組』には、そのこともしっかりと書き込んでいる。靖国問題にはその後もこだわり続けた。

２００１年８月、小泉純一郎首相（当時）が靖国神社に参拝すると、「靖国神社公式参拝違憲訴訟」の原告に名を連ねた。13年12月、安倍晋三首相（当時）が参拝したときも、国や首相、神社に賠償を求める訴訟の原告になった。この訴訟では原告代表として、地裁の第１回口頭弁論で意見陳述した。少し長くなるが、その内容を関の個人ブログから引用する。

「10分という制限があります。思いをギュッと濃縮しなければなりません。（中略）私はその日だけ学校を休んで命を助かったのですが、その奇跡がなければ、靖国の神になっています。『これは英霊本人による訴訟です』と申しました。戦死者をほめたたえ「英霊」にする靖国神社の神になることは絶対にいやということ。（中略）死んだ友に贈りたいのは絶対の平和であり核兵器の廃絶であること。だから私は「戦後民主主義」を大切に思い生きてきたこと。それを破棄する安倍首相の「戦後レジーム」の終焉は憲法の平和的生存権に違反し許せないことを語りました」
最高裁まで闘ったが、敗訴した。

亡くなる前年まで広島でフィールドワーク

毎年8月に広島を訪れて原水禁大会などに出席するのはもちろん、危機感を募らせたのだろう、2000年頃からは、求められればどこへでも、手弁当で証言活動に出かけるようになった。修学旅行生らを案内して平和公園周辺をめぐり、郊外にまで足を延ばして慰霊碑などの説明をするフィールドワークも1人で始めた（のち広島YWCA主催に）。2年前の1月には大腿骨を骨折して入院したが、必死のリハビリをして8月には被爆地に立った。コロナ禍の昨年も、杖をつきながらフィールドワークをした。

ヒロシマに関わる本は多く、『ヒロシマ花物語』（1990年）、わたしが呼びかけたシンポジウムのまとめ『女がヒロシマを語る』（96年）、『ヒロシマの少

安倍首相（当時）の靖国参拝差し止めを求めて提訴し、
会見する関千枝子。14年4月

年少女たち　原爆、靖国、朝鮮半島出身者』（15年）のほか、長崎の被爆者の狩野美智子、被爆者で作家の中山士朗との往復書簡も、それぞれ出版されている。

これらを読むと、戦前戦中から現在までの広島が重層的に示され、長崎の被爆者にも、忘れられている朝鮮半島出身者の被爆にも目を向けて、原爆被害の実相を広く、かつ多面的にとらえて問題提起していることがわかる。

11年からは個人ブログ「ごまめ通信」も始め、時事問題への率直な思いを書き続けた。東日本大震災から3カ月後の第1回では、原発報道が「政府発表そのままの垂れ流し」とメディアをきびしく批判。「非常時」という言葉に戦時下のそれを重ね、「ドサクサ紛れの恐ろしさ」を指摘している。

10年後の今また、コロナ禍で「非常時」や「国難」の言葉が飛び交う。昨年12月には、「コロナを軽視するわけではありません、でも、恐れるあまり集会は全部オンラインというのはおかしいですね」と書き、絶筆となった2月13日には、何が何でもオリンピックを開こうとしていることに疑問を呈した。

女学校時代の友人から「あなたはいつも学校中を走り回っていたわね。歩いている姿を見たことがない」と言われたそうだが、高齢になっても、いつ寝るのだろうと思うほど、各地の平和集会、研究会、裁判などに走り回っていた。

最後に会ったのは昨年12月中旬。わたしが代表をしている研究会のシンポジウムに来てくれた。

そこで手渡されたのは「唯一の被爆国　日本政府に核兵器禁止条約の署名・批准を求める」署名簿。唯一の被爆国である日本が批准したら、同じような核の抑止力という幻想の中にいる国々に大きな影響を及ぼし、世界の大勢が変わると信じていると。

しかし核兵器禁止条約の批准国が50カ国に達し、今年1月22日に発効したが、日本政府は見向きもしなかった。

別れぎわの会話。「コロナなんかに負けないでね」と関。「関さんも」と返すと、「まだ死ぬわけにはいかないのよ。言いたいことがいっぱいあるから」

静かな決意を秘めた声が今も耳に響く。

（2021年3月13日、14日）

鹿島光代、女性史学に不抜の基礎を築く

ドメス出版の編集長

夏の盛りの8月11日（２０２１年）、新聞の訃報欄にドメス出版編集長の鹿島光代、服飾デザイナーの中嶋弘子、女性学研究者の井上輝子の名前が並んだ。女性３人の死亡記事が並ぶのは珍しいが、それぞれの分野で「女の時代」を支え、リードした方々である。お三方とも仕事で縁があったので、しばらくぼうぜんとした。

7月27日に亡くなった鹿島は編集者として黒子に徹しながら、女性問題、女性史学が市民権を得るのに決定的な役割を担った人

鹿島光代

である。凛とした姿勢をしのびつつ、足跡をたどりたい。

鹿島光代は1929年、東京生まれ。日本統治時代の中国東北部・大連で育った。戦後まもなく早稲田大学文学部露文科に学び、華やかで、男子学生の憧れの的だったようだ。学生運動が高揚した時期でもあり、運動にもまれながら社会科学の理論に傾倒した。

その後、ロシア文学者の鹿島保夫と結婚、夫妻で53年創刊の雑誌『多喜二と百合子』の編集発行人を務めたが、当時の社会運動内部における対立や分裂の過程で深い傷を負ったのだろう、この時期のことについては身近な人にも口を閉ざしている。

60年、医歯薬出版に職を得て、編集者として出発。労働組合を結成して社員の待遇改善に奮闘し、ために社長とも口をきかない時期がしばらく続いたという。

同社内に置かれていた生活科学調査会（発起人は教育評論家の重松敬一）の出版部門を69年に独立させたのがドメス出版で、社名はドメスティック・サイエンス（生活学）に由来する。編集長の鹿島を含む女性3人が、編集も営業も経理も全て担う極小出版社だった。

手元にある2009年の『総合図書目録』の「ごあいさつ」は、ドメス出版の「主要テーマは『生活学』の確立」にあると宣言する。続けて「人間が豊かに生きるうえでの生活の基盤がますます崩れ失われてゆく現代において、その集中的しわよせは、子ども・女性・高齢者などに顕在化しています。小社は、これらの矛盾を一日も早くこの日本から払拭するための出版を心がける」と述べ、旗幟を鮮明にしている。この方針を貫いた図書の出版点数は21年現在、844点に及んでいる。
『総合図書目録』は、テーマを「女性の問題」「社会の問題」「生活の問題」「その他」に分類。「社会の問題」で子どもや老後を扱い、「生活の問題」では創業早々、社運をかけて今和次郎《こんわじろう》の全集9巻の刊行に取り組んだ。今は考現学・生活学を提唱した人である。

今の家を訪問したときのことを鹿島は次のように書いている。

「先生は、なにげなく、『この日本の繁栄は、アジアの人たちの人間以下の生活の上に成り立っているのだよ』といわれた。かつての日本の植民地で育った私は、ハッとした。何か全身に電流が走ったようだった」「こんなに人間に即して、生活に即して、温かい目で、ある哀しみをさえただよわせて話した人があっただろうか。理論でなく人間の心から語られたこのひとことに、私は深く感動した」（引用はいずれも「著作集刊行から学会設立まで」日本エディタースクール編『本の誕生 編集の現場から』）。

鹿島の心のうちで、さまざまな問題の解決を、理論ではなく「人間」、「生活」の次元でとらえる覚悟がここで定まったようだ。個人全集の刊行は、出発早々の小出版社としては大胆な挑戦だったが、編集委員らと会議を重ねながら編集し、刊行後、学際的な「日本生活学会」の誕生につながった。

10年を費やした『日本婦人問題資料集成』

同時進行で「女性の問題」として1971年に企画したのが市川房枝、丸岡秀子らを編集委員とした『日本婦人問題資料集成』の編集である。近代の黎明期から現代までの婦人問題に関する資料を集大成したもので、全10巻のそれぞれの内容は「人権」「政治」「労働」「教育」「家族制度」「保健・福祉」「生活」「思潮（上下）」「近代日本婦人問題年表」。各巻A5判800ページを超える大著で、資料の収集と編集作業に全力を注ぎ、完結までに10年を費やした。

全巻刊行後の81年、第35回毎日出版文化賞特別賞を受賞した。選考委員の歴史学者・松尾尊兊《たかよし》がこう称賛している。「婦人問題、女性史研究の分野で初めての総合資料集であり、研究者のみならず、婦人問題に関心を持つ一般の人々に対しても与える便益は計り知れないものがある」「本集成の完結した81年が女性史研究の画期となることは確実である」

まことに当を得た評価で、女性問題の出版社としての地位を揺るぎないものにした。

70年代初頭、アメリカから押し寄せてきたウーマンリブに衝撃を受けながら、女性史を手がけるようになったわたしにとっても、この資料集成は手放せないものになった。

とりわけ丸岡秀子と山口美代子が編集責任者として取り組んだ第10巻「年表」は、山口が当時勤務していた国立国会図書館の女性研究者ら6人が、本業のかたわら資料収集に当たった労作で、それまでどこにもなかった精緻な女性史年表だった。

どのページを開いても、その時代の女性たちの鼓動が聞こえてくる気がして、年表を読む醍醐味を知った。今もこれを超える女性史年表は出版されていない。これからジェンダーや女性史を学ぶ人も是非ひもといてほしい。

草の根の女の痛覚に光

ドメス出版の『総合図書目録』のうち「女性の問題」を見ると、女性論、女性史、団体史、自伝・評伝などと並んで、論争シリーズ全5巻、千野陽一編集・解説『資料集成　現代日本女性の主体形成』全9巻、『高良とみの生と著作』全8巻といった大著がある。しかし、ここでは鹿島が力を入れた地域女性史のラインアップを紹介したい。

地域女性史としては、ドメス出版創業の1969年にすでに外崎光広『高知県婦人解放運動史』があ

「第11回全国女性史研究交流のつどい in 東京」で。左から鹿島光代、山口美代子、女性史研究家の国武雅子、ドメス出版編集者の矢野操＝2010年9月

り、その後も古庄ゆき子『豊後おんな土工　大分近代女性史序説』、一条ふみ『淡き綿飴のために　戦時下北方農民層の記録』、高橋三枝子『小作争議のなかの女たち　北海道・蜂須賀農場の記録』、広島女性史研究会『ヒロシマの女たち』、堀場清子『イナグヤナナバチ　沖縄女性史を探る』など、北海道から沖縄まで、ほとんど知られていなかった地方の女たちの営みに焦点をあてた書目が並んでいる。女の痛覚が女性史学を生んだとすれば、その痛みは草の根の女の中により深く刻みこまれていることを、鹿島が知っていたからだろう。

自治体女性史編纂に大きなうねり

外国にはないそうだが、日本には専門家だけでなく、「生活者研究者」ともいうべき、主婦や働く女性たちによる地域女性史のサークルが多数ある。77年、愛知女性史研究会の伊藤康子らが全国のサークルに呼びかけて初めて「女性史のつどい」を名古屋で開いた。その集会に鹿島が駆けつけ1万円をカンパしたと、彼女が亡くなった後、伊藤から伝え聞いた。「見ず知らずの会にポンと大金を寄付してくださる人がいるのにびっくりし、おかげで報告集も出せた。女性史の守護神です」と伊藤は言う。

「つどい」はその後、2015年の岩手開催まで各地持ちまわりで開かれ、研究発表と情報交換の場として役割を果たした。さらに「つどい」がきっかけで書かれた女性史の本がドメス出版から刊行されて地域に返され、地域の歴史を豊かにした。鹿島は地域の女性史に期待し、将来を見据えてカンパしたのだと思う。その心意気と託された思いを受け止めたい。

地域女性史がブームになる一つの画期になったのが1987年、『夜明けの航跡　かながわ近代の女たち』の刊行である。神奈川県の女性政策の一環としての女性史編纂で、地域住民と専門家、かながわ女性センターの共同編集という方式が採用された。

販売方法もユニークだった。一般に自治体の刊行物は商業出版社からは出ないが、『夜明けの航跡』はドメス出版から刊行された。B5判320ページの上製本で、カラーの口絵があり、自治体の出版物とは思えないおしゃれな造本設計。刷り部数2千部のうち、半分は神奈川県が買い取り、半分を市場に流通するという方法をとった。

かながわ女性センターの館長だった金森トシエと鹿島が知恵を出し合ったのだろう。自治体刊行物で女性史本という二重の意味で地味なイメージを一新した。その後、多くの地域女性史がこの編纂方法と販売方式でドメス出版から刊行され、80年代から2000年代にかけて自治体女性史編纂の大きなうねりを生みだした
わたしは、『夜明けの航跡』の編纂に専門委員として加わったことで、地域女性史に目を開かれ、以後、東京都千代田区、中央区など多くの自治体女性史に関わり、いつもドメス出版の担当編集者に支えられた。専門的な知識、レイアウトや構成、装丁…隅々まで行き届いたきめ細やかな編集がとてもありがたかった。

１９７０年頃までは学問として認められていなかった女性史を、アカデミズムでも無視できないものにするには、さまざまな要素が必要だった。地道な研究の積み重ねは言うまでもないが、出版物として読者に届けてくれる書肆がなければ、志はむなしく空転してしまう。その役割の大部分を引き受けたのが、ドメス出版だった。

歴史学者の鹿野政直は「だれが女性史を築いたか」という問いを立て、「鹿島光代は、編集者として仕事を結晶へとサポートし、出来上がった仕事を世に送り出したばかりでなく、積極的に仕事を造りだし、女性史学にとっての不抜の基礎を築いたひととしてきわだった存在である」と功をたたえる（「鹿島光代　女性史を築く」『鹿野政直思想史論集』第2巻）。

作家や研究者はその果実が賞の対象になるが、編集者が賞の対象になることは少ない。わずかにその労が報われたのは、１９９４年の東京女性財団賞と２０１３年の赤松良子賞の受賞である。前者は「女性問題の出版に貢献した」として、後者も「女性の問題に着眼した書籍出版に多大な努力をされ、女性の地位向上のために貢献されたこと」が授賞理由である。

鹿島光代は、１９７０年のウーマンリブから、75年の国際女性年、99年の男女共同参画社会基本法制定というフェミニズムの流れに同伴するだけでなく、流れに棹さして、女性の時代をリードした。彼女の置きみやげである出版物を埋もれさせることなく、次の時代のために活用したいものだ。

（２０２１年9月6日、7日）

高良留美子、天才的な書き手、多面的な活躍

詩人、評論家、女性史家として

昨年（２０２１年）12月、88歳で亡くなった高良留美子はスケールの大きい表現者だった。新聞の訃報欄の肩書には、詩人、評論家、女性史研究者とあったが、作家や思想家、哲学者の顔も併せ持っていた。一言でとらえきれない天才的な書き手だった。世に出した仕事の分量も極めて多かった。

最も知られているのは詩人としての業績だろう。東京芸術大と慶応大に学び、フランス留学を経て、20代で詩人として出発、詩集『場所』（１９６２）でH氏賞を受賞した。詩論も多い。

文学的業績としては、アジア・アフリカ文学の翻訳・紹介もあり、文学批評、エッセーも書い

ている。これらは『高良留美子の思想世界　自選評論集』全6巻（御茶の水書房）や『女性・戦争・アジア―詩と会い、世界と出会う』（土曜美術社出版販売）などにまとめられている。多分野にまたがる彼女の仕事をトータルに捉えるのは、わたしの手にあまることなので、高良が力を注いだ分野のうち、女性問題と女性の文化創造者支援の仕事に焦点を当てて紹介したい。

高校時代から関心があったという「女性」についての論考は、43歳の時に出版した『高群逸枝とボーヴォワール』（亜紀書房）に始まる。高群逸枝は詩人で女性史学の研究者。ボーヴォワールはフランスの哲学者で女性解放思想を説き、自らもその思想によって生きた人だ。

高良は長い時間をかけて思索を深め、亡くなる2021年に『見出された縄文の母系制と月の文化―〈縄文の鏡〉が照らす未来社会の像』（言叢社）に結晶させている。高群逸枝の母系制の研究を軸に、民俗学、考古学、古代文学研究などの最新成果を取りこみながら展開した女性史論の結論は、日本の民法における父系・父権的な制度は廃止されるべきという主張で、高良の最後のメッセージとして受けとめたい。

高良留美子

私財投じて「女性文化賞」を創設

あまり知られていないが、高良は1997年に個人で「女性文化賞」を創設した。賞の趣旨を次のように述べている。

「女性の文化創造者は、いまもなお無視や偏見の見えない壁に囲まれ、経済的にも苦労しながら創作活動をつづけている。私自身、そのことを強く感じてきたため、このたび女性文化賞という賞を創設することにしました」

文化活動における女性のフロンティアたちは有形無形の差別や偏見に苦しみ、自由な創造ができないでいる。少しでもそれを除去し、活動を後押ししたい。そんな強い思いが感じられる言葉だ。

賞の対象を次のように明示した。・範囲は文学を中心に文化一般とし、ジャンルは問わない。・作品ではなく人を対象とする。個人、団体、国籍を問わない。とくにマイノリティーの方に注目している。(以下略)

他薦を受け入れながら1人で選考し、私財を投じて賞金60万円(第9回から50万円)を贈り、2016年まで20回続けた。

第1回の受賞者は詩人・画家・評論家の渡辺みえこ。女性と性的少数者の解放運動を行いながら創作活動を続けてきた人だ。第2回は沖縄のフリーライター、安里英子。沖縄と琉球弧の世界をこれまで表面に表れにくかった女性の目で見、女性の声で語っていると評価した。受賞者リストを見ると、多くは陽のあたりにくい地方で、女性文化を研究したり、表現したりしている創造者だ。

第6回のチカップ美恵子はアイヌ文様刺しゅう家でエッセイスト。アイヌの女性に伝わる創造的魂を現代によみがえらせた。第7回の鈴木郁子は被差別部落に生まれ、差別からの解放と地域の自覚をめざして活動するフリーライター。

第9回は日韓の歴史・文化の研究者、李修京に。生涯をかけて日韓交流に尽す覚悟をもっていると評された。第16回の一条ふみは岩手県に生まれ、農民たちの声にならない言葉を記録し続けた。『淡き綿飴のために―戦時下北方農民層の記録』、『永遠の農婦たち』を残している。

最後の第20回はフリーライターの森川万智子。著書に元従軍慰安婦からの聞き書きと徹底した現地調査で書いた『文玉珠　ビルマ戦線　楯師団の「慰安婦」だった私』がある。国内にとどまらず、韓国や在日の書き手にも目を配り、テーマは性的少数者、被差別部落、アイヌ、沖縄、従軍慰安婦、東北の農民にまで及ぶ。大きなメディアはあまり取り上げないテーマであり、高良の関心領域の広さを示している。

１９７０年代から始まった女性解放運動の内外で、女性たちは元気になったが、大学などに職を得られる女性は少ない。多くの女性が在野で苦労している。高良はそれを憂い、女性たちを励まし続けた。

２０１７年1月27日、出版社「梨の木舎」の「あめにてぃカフェ」で開かれた第20回「女性文化賞」記念のつどいでは、参加者一同による高良への感謝の言葉が読みあげられた。

「本日ここに、その志を女性の歴史に刻印すると同時に、姉妹の精神を20年にわたって発揮してくださったことに心から感謝します。ありがとうございました」

なお、高良が賞の継承者を呼びかけたところ、女性史研究者で「らいてうの家」館長の米田佐代子が手を挙げ、現在までバトンがつながっている。

女４代の歴史を35年かけて刻む

高良は小説家としても作品を残している。なかでも最も力を入れたのが、上下巻あわせて1000ページに及ぶ大著『百年の跫音』（御茶の水書房、２００４年）だった。35年をかけて完成し、２００４年に出版されている。

「まえがき」に「はじめから意図したわけではなかったが、フィクションとノンフィクション、ドラマと語り、物語と歴史、小説と評論を総合する形になった」とある。父母双方の先祖の日記・手記・手紙をもとにした幕末から百余年にわたる壮大な物語で、特に

1953年ごろの高良一家。
後列左から美世子、留美子、真木。前列左から祖母、武久、とみ

母方の曽祖母から留美子へと受け継がれてきた女系の歴史が圧巻だ。

高良の母とみは女性解放運動家で政治家、父武久《たけひさ》は精神科医、不安や葛藤を受容して生きる「森田療法」の実践者だった。姉真木《まき》は画家で社会運動家。華麗な創造者一族で、さらにさかのぼると、父母双方とも4代にわたり、記録魔といっていいほど、身辺雑記から天下国家の事件に至るまで書きつづっている。

小説の想を練りながら、高良は蔵の中や本棚の奥からそれらを発見し、ほこりをはらって現代によみがえらせ、歴史に位置づける仕事に夢中になっている。長年にわたって高良の本を担当したドメス出版の生方孝子は高良を「根っからの編集者」と評する。

『百年の跫音』に登場する留美子の曽祖母、田島民《たみ》は宮中に養蚕婦として出仕した人。現在も皇后が行う宮中養蚕は、1871年に明治天皇の皇后美子《はるこ》が大蔵省にいた渋沢栄一と相談して始まった行事で、渋沢が推薦した養蚕婦の一人が、群馬県島村の蚕種業者、田島弥平の娘の民だった。彼女は吹上御苑で皇后とともに行った作業を克明に日記に残した。

この日記に、高良が時代背景など詳細な解説を付けて出版し

『百年の跫音』上下、2004年

た『宮中養蚕日記』（ドメス出版、２００９年）は貴重な記録だ。民の娘の和田邦子（高良の祖母）は、明治時代に横浜のミッションスクールに学んだクリスチャンである。日本基督教婦人矯風会に属し、売春に公的な保護を与える公娼制度の廃止を求める廃娼運動などに関わりながら、娘のとみ（高良の母）に自立を促し、山を売り、野菜栽培や養蜂で得た金で、とみの米国留学を支えた。

１８９６年生まれのとみは21歳で渡米。コロンビア大やジョンズ・ホプキンズ大大学院で学び、「飢えの研究」で博士号を取得した。帰国後、九州帝国大の助手を経て、１９２７年に日本女子大学校の教授に就任。高良武久と結婚して３人の娘を得た。

研究室に閉じこもらず、国際的な人脈と行動力を生かしてタゴール、ガンジー、魯迅らと会ってアジアの平和運動に関わり、国内では女性参政権運動などに力を入れた。太平洋戦争開始の前年には大政翼賛会に議員として参加した。戦後、参院選の全国区で当選し、国交のない時期のソ連と中国に入り、日本婦人団体連合会（婦団連）結成のきっかけを作るなど、近現代史に大きな足跡を残した。しかし、戦中の言動から全体主義者とも見なされ、彼女の歩みは一筋縄では捉えきれない。

高良はその複雑に屈折した人生を、未発表原稿や書簡を中心に読み解き、詳細な注と解説をつけて、『高良とみの生と著作』全8巻（ドメス出版、２００４年）にまとめた。

高良は、とみの「戦争協力」という公的側面を晩年まで擁護しているが、母としてのとみに対するこだわりも、長くひきずっている。

高良とみと娘たちの記録

とみは武久と進歩的な家庭を築き、娘たちはいずれも羽仁もと子が設立した自由学園に学んでいる。とみが留守がちで犠牲になったのが高良の妹、三女の美世子《みよこ》だという。幼児期には溺愛しておきながら、多忙になると、かまわなくなった。美世子は拒食症になり1955年、18歳のとき自死した。

彼女の中学高校時代の日記、手紙、詩、創作などの遺稿と、家族の書簡や文章で構成したのが『誕生を待つ生命―母と娘の愛と相克』（自然食通信社、2016年）で、装丁には真木の絵が使われた。高良は「解説」で、美世子の死を母、家族との関係で捉え返し、自分も母によるネグレクトに苦しんだと明かしている。

真木は、女性の立場から息の長い日中友好活動を続けた人で、画家としては40代で世に出て、2011年に80歳で亡くなった。高良が神奈川県真鶴の真木の家を整理していたら、小中学校時代の絵日記が出てきた。戦争中も行われた学園の自由画教育が真木の絵心を育んだとして、高良真木著・高良留美子編『戦争期少女日記―自由学園・自由画教育・中島飛行機』（教育史料出版会）を2020年に出版した。子どもの目に映った戦中の生活記録である。

親族ではないが、真木が後半生をともに過ごした童話作家、浜田糸衛《いとえ》の遺稿集『浜田糸衛　生と著作』上（ドメス出版、２０１６年）下（同、19年）も、高良が中心になってまとめた。浜田は婦団連の事務局長を務め、日中友好神奈川県婦人連絡会を創設、中国との懸け橋になるべく活動した。真木が準備していた浜田の著作集出版を引き継いだことで、高良は「日本と日本人にとっての中国の存在の大きさ」を強く感じ、浜田が歩いたように「人間の交流を盛んにしていくこと」が大切だと、結びの言葉にしている。

また同書の「あとがき」に「女性の書いたものは未だ発掘段階にあることを痛感した」とあり、命の時間が与えられていたら、さらに埋もれている女性の記録を世に送り出したと思う。逝去が惜しまれる。

（２０２２年2月1日、２日）

折井美耶子、地域女性史のリーダーとして

自ら道を切りひらく

いったん学校教育を離れた社会人の学び直しをリカレント教育というが、こんな言葉がない時代に結婚し、子育てが一段落した段階で学び直しをした人がいる。女性史研究者になり、地域女性史研究会とオーラルヒストリー総合研究会を立ち上げ、長く代表を務めた折井美耶子。子宮頸がんの転移で、２０２３年11月11日に88歳で亡くなった。いつのまにか周囲の人を巻き込

折井美耶子、2010年9月

むオルガナイザーの力を秘めた人で、多くの仲間が別れを惜しんだ。

1935年、東京中野のサラリーマン家庭に生まれたが、戦時中に父親の実家の静岡県小笠郡比企村（現、浜岡町）に疎開。祖父が戸主として君臨していて、本を読んでいても「女のくせに」と叱られた。国民学校では在郷軍人から敵に見立てた藁人形を竹鎗で突く訓練などをさせられた最後の世代である。敗戦の直前には、敵前上陸に備えて村に駐屯していた日本兵にたかっているノミに驚いたという。

東京の家が空襲で焼失したため、戦後もそのまま同地で新制中学校1期生になり、文部省選定の「新しい憲法のはなし」を学び、「男女同権」という言葉を知って感激した。2年生の終わりに静岡市の子どものいない伯母の家に移り住み、静岡女子商業高等学校の併設中学校に編入し、高校に進んだ。

卒業後は就職が当然とされていたが、もっと勉強したくて伯母夫婦に懇願して大学受験だけは許された。猛勉強の末、静岡大学文理学部に進学。学部長は進歩的な憲法学者の鈴木安蔵だった。女子学生は1割程度しかおらず、女性用の施設は整っていない。「女子学生の会」を作り、教室一つを女子用更衣室にしたり、大きな民家を借りて女子寮「太陽荘」を実現するなどした。史学科に進み、旧家の蔵から見つかった古文書を解読したり、農家に泊まり込んで遺跡の発掘をしたりした。卒業が近づくとまたもや、就職先や結婚相手まで用意されているのが嫌で東京の姉の家に家出。養家からも実家からも勘当されてしまう。卒論を書かず、4年生で中退した。

市民運動に奔走する日々

新聞の求人広告で探して慶応大学生活協同組合の事務員になり、次いで英文タイプの資格を取り、石油精製会社で英文タイピストとして働いた。23歳で大学の先輩の折井勉と結婚。友人たちが結婚式を用意してくれ、杉並区の施設で式を挙げた。世田谷区に住み、次々と3人の子どもが生まれ、仕事は続けられなかった。

20代後半から30代にかけてのこの時期は高度経済成長のまっただなか。その矛盾が市民生活に影響を及ぼし始めた時期でもある。62年に結成された新日本婦人の会の世田谷支部を結成。支部の事務局長になってからは、各班をまわって、会員を700人から1000人に増やすなど、オルガナイザーの素質を発揮している。

当時行われていた女たちの運動にはひと通りかかわったという。まず保育所運動の署名活動を進め、2園の増設を実現。「祖師谷遊園地公園を作る会」では「上祖師谷パンダ公園」と「つりがね池公園」もできた。自宅で「親子読書会」を開き、おおぜいの子どもたちが通ってきた。そのほか、PTA、教育懇談会、生活協同組合、地域の婦人運動では公害反対、物価値下げ、原水爆禁止、母親運動、ベトナム母と子支援などにかかわった。

「その根底には、子どもを生んで親として次の世代に何を残せるかという痛切な思いがあったかと思う。娘が生まれたとき、『女だから…』という育て方だけはしないようにしよう、次に息子が生まれたとき、この子が徴兵されて戦場に行くことだけは阻止したいと思った」(『地域女性史入門』ドメス出版、2001年)と、平和と女性差別の問題に取り組んだ理由を明かしている。

平塚らいてうとの出会いから影響を受けた。70年6月26日、安保条約固定期限終了にあたって安保廃棄の意志表示をしたいとのらいてうの希望で、婦人団体連合会を中心に20人足らずがらいてう宅に集まった。それから婦団連会長の櫛田ふき、新劇俳優の鈴木光枝らと安保廃棄を訴えて成城の住宅街をデモ行進した。35歳の折井は最年少だった。らいてうはこの翌年、85歳で他界したが、その後も縁は続いた。

80年代にらいてうの著作集が刊行されたのを機に「平塚らいてうを読む会」を作って研究活動を続けるとともに、92年に発足した「平塚らいてうを記念する会」にも参加。毎年5月の「らいてう忌」には学習会やゆかりの地を訪ねるスタディツアーに取りくみながら、らいてうが奥村博史と出会った神奈川県茅ケ崎に記念碑を建てる募金運動に奔走し、98年に完成。次いで自主製作でらいてうの記録映画を作る話が持ちあがり、大募金運動の実行委員として走りまわり、ドキュメンタリー映画「元始、女性は太陽であった」が完成したのは2001年。さらに映画の収益金で記念館を作ることになり、遺族から寄付された長野県上田市の土地に「らいてうの家」が完成したのは2006年。

「振り返ると、ずっと要求運動をつづけてきた人生でした。それは自分のためだけではなく、

みんなのためになると思えたからこそ、がんばることができたんだと思います」と語っている
(「聞き書き　母の歴史　折井美耶子さんの話」『新婦人しんぶん』2023年3月4日)。

いくつもの出会いから女性史研究へ

3人目の子が生まれて1年経った頃、忙しすぎて健康を損ね、地域の全ての役をおりて静養する日々、学生時代に高群逸枝の『母系制の研究』に出会って以来、興味を持っていた女性史を勉強したいと思った。子ども時代も、職場でも、結婚してからも、地域活動のなかでさえも女に対する差別を常に感じていた。それはいったいなぜなのか。その根源を自分で確かめてみたいと思ったのだ。学生時代、女性史の勉強をしたかったが、教授に「女性史なんて学問ではない」と言われて断念した心残りもあった。

折から1975年の国際女性年。女性問題がクローズアップされて、社会教育の場で女性問題や女性史の講座が盛んに開かれるようになっていた。その一つ、歴史科学協議会が米田佐代子を講師に開いた女性史講座に参加した。細井和喜蔵の『女工哀史』をテキストにゼミ形式で丹念に読み進め、20代の学生たちに混じり改めて研究のイロハを学んだ。

労働旬報社が企画した『講座　現代の婦人運動』の編集委員の犬丸義一の資料収集を手伝ったのも勉強になった。近所に住んでいる高井陽とも交流した。親子ほどの年齢差がありながら人

柄に惹かれて通ううち、陶芸家の富本憲吉と『青鞜』メンバーだった尾竹一枝（紅吉）の娘とわかった。一枝の伝記を書くよう勧めているうちに陽が亡くなり、遺志を継いで書きあげ、陽との共著として『薊の花　富本一枝小伝』を出版している。

こうして、らいてうを始め、いくつもの出会いに背中を押されて女性史研究に打ち込むうち、各地の公民館などで女性史講座を持つようになった。飾らず、おだやかな性格が講座生や担当の職員に好評だった。

そのうちに地域の女たちの足跡を調べることに興味を持った。本格的な地域女性史の編纂は『多摩の流れにときを紡ぐ　近代かわさきの女たち』（90年）で、専門委員は３人。明治期を折井、大正期を江刺、昭和戦前期を加納実紀代が担当した。その後、自治体が関わる女性史では『新宿　女たちの十字路』（97年）、『里から町へ　一〇〇人が語るせたがや女性史』（98年）、『せたがや女性史　近世から近代まで』（99年）、『江東に生きた女性たち　水彩のまちの近代』（99年）などの編纂指導と執筆をしている。その他、地域の女たちとの協働で自費出版の冊子をいくつも世に送りだしている。共著で『女と戦争』、『夫婦別姓への招待』、『「青鞜」を学ぶ人のために』、『「青鞜」人物辞典』、『民族・戦争と家族』、『20世紀の戦争とは何であったか』など。

地域女性史とオーラル・ヒストリー

折井には地域女性史の基礎文献で手引き書ともいえる著書がある。『地域女性史入門』（２００１年）、『地域女性史への道　祖母たち・母たちの物語を紡ぐ』（21年）、山辺恵巳子との共著『地域女性史文献目録』（03年、10年に増補改訂版）で、自身と地域女性史についても触れている。

地域女性史の編纂は、普通の歴史研究とは異なり、専門家だけで編纂するのではなく、公募の市民委員も参加して、資料や聞き書きを集めて、それをもとに市民が通史を書く場合もある。通史を書くには一定の訓練が必要だが、聞き書きは比較的とっつきやすいこともあって、全国の地域女性史の研究会で多くの聞き書き集が本や冊子の形で刊行された。それは「まさに消えてゆく声を聞いて、見えないものを見得るようにするところに真骨頂がある」と考え、03年1月にはオーラル・ヒストリー総合研究会を仲間たちと立ち上げ、代表になった。

沖縄の地域女性史例会で、左端が折井、隣が筆者。2018年12月。

手さぐりで地域女性史の聞き書きを続けていた折井が、オーラル・ヒストリーを意識するようになったのは、イギリスから帰国した酒井順子の報告を総合女性史研究会の例会で聞いてから。もっと詳しく知りたくて2001年7月、オーラル・ヒストリー学会があるイギリスに行った。帝国戦争博物館やブリティッシュ・ライブラリーを訪れ、聞き書きが大切に保存されているのにカルチャーショックを受けた。日本では女性史のアーカイブがないため、多くの聞き書き資料が廃棄処分されているからだ。研究会を立ち上げて2回目の例会には、『記憶から歴史へ　オーラル・ヒストリーの世界』(酒井順子訳) のあるエセックス大学教授のポール・トンプソンを迎えてワーク・ショップを行った。以後、講師を呼んで例会を行い、24年には41回目を迎え、機関紙『Oral History Workshop News』は55号を数える。

さらに14年には全国の地域女性史を結集する地域女性史研究会が発足し、こちらも代表に選出されている。その設立趣旨にうたう。

「(略) 二〇〇〇年前後から『もう女性問題は終わった』かのような言説やジェンダーバッシングが行われて、自治体による女性史編纂は影を潜めてしまいました。そのようななかでも地域女性史に対する女性たちの熱意は衰えることなく、各地で自主的・自覚的に資料を集め、聞き書きを行い、出版費用を捻出して出版にこぎつけています。とはいえ、女性年以前からある組織を含めて多くの会で、会員の高齢化、減少といった悩みが『全国女性史研究交流のつどい』などでも出されるようになっています。

地域女性史研究の情報交換、理論化を含むレベルアップ、若い層への積極的な呼びかけが必要ではないかと思われます。全国的な規模で議論を重ねるなかで、自治体史・地域史のみならず日本の歴史に対して、「つけた（史）」ではなく「書きなお（史）」をめざす場として、地域女性史研究会を設立いたします」

こちらも女性史関係者だけでなく隣接分野からも講師を招いて研究会を開き、機関紙『地域女性史研究会会報』を発行し36号まで続いており、会の研究誌『地域女性史研究』は２０２４年11月に第４号が発行された。

折井は２つの研究会の代表を発足時から亡くなるまで務め、女たちのネットワークを作りあげ、多様な意見を尊重しながら集約していくリーダー力を発揮した。若いとき市民運動で鍛えた足腰の強さが持続力の源だったのだろう。地域の生活者研究者たちが手さぐり、体あたりで進めてきた地域女性史研究の流れは、確実に地域の女たちの力を底上げし、今は目に見えにくいが、地底の水脈となって社会を変える力になると思いたい。

女性史とわたし

あとがきに代えて

誘われて井手文子さんと『大正デモクラシーと女性』、絲屋寿雄さんと『戦後史と女性の解放』という通史を、共著で出版したのは１９７７年のこと（合同出版）。お二人はすでに多くの著書のある歴史家だが、わたしは女性史という分野があることさえ知らない駆け出しのもの書きにすぎない。あれほど勉強したのは生れて初めてだった。子が１～２歳の時期で、深夜に目覚めて、猛スピードで這ってわたしの部屋に突進してくる。毎夜のことで、そうなると勉強を中断せざるを得なかった。

ほとんど知識もなく通史を書くなんて、無謀なことをしたものだ。それでも本になったのは、まだ女性史が学問として認められておらず、専門ではない他分野から参入する人が多い時期だったから。手当たりしだいに本を読んで、それまで疑問に思っていたことが、欠けていたピースが埋まるように一つずつ氷解していくのが励みになった。

といっても、大学や研究機関とは距離のある在野の研究者で、神奈川県の近現代女性史編纂に関わったのが縁で、川崎市、東京千代田区、目黒区、中央区などの自治体女性史の編纂・執筆に携わり、自主サークルで地域の女たちと協働して30冊以上も地域女性史を編んだ。正史では無視されてきた女の資料を文字どおり草の根を分けて探し歩き、聞き書きを重ねるのは根気のいる作業だったが、長期間ストーカーに悩まされたこともあって、女どうしで連帯しながらのサークルは楽しかった。休憩時間にお茶とお菓子が出てくる研究会を「おんな子どもの会」と男たちは笑うが、日常の暮らしの中に学びが溶け込んだ女たちの歴史運動だと、わたしは思っている。

学校で習った覚えがなく女性史に取り組んで初めて知ったことは多い。女の政治参加を禁じた集会及政社法が国会開設と同時に制定されたこと、戦時下の横浜で文学少女たちが治安維持法違反で逮捕されたこと、敗戦直後に政府が国家売春である占領軍相手の慰安施設を作ったことなどなど。そうして、女をめぐって日々起こるできごと、つまりジェンダーの問題は、女性史という補助線を引くことで視野が広がり、問題点がくっきりすることがわかった。だから本書は、女性史に取り組んできたわたしの卒業文集ということになる。

それにしても本書をまとめながら、数年前に取り上げた問題が、今もほとんど改善されていないことに気がついて溜息が出た。昨年の総選挙で女性議員数は増えたが、閣僚は2人にとどまっている。野党の多くが選択的夫婦別姓の実現を公約に掲げたが、与党自民党の動きは鈍い。かつて女性専用だった看護、介護、保育などのケア労働は過酷な割に給与があがらないから、相変わらず離職者が多い。非正規雇用労働者数は7年前も今も圧倒的に女性である。呼称の問題では、つい最近まで訃報欄に男は「氏」、女は「さん」と使い分けている新聞があった。

深刻なのは性被害である。冒頭に明治時代の女性記者の働きにくさについて書いたのは、財務省の事務次官がテレビ局の女性記者にセクハラをしていたことが明るみに出て更迭されるという事件があったからだ。6年後の昨年、女性検事が上司の検事からレイプされたと涙ながらに法廷で訴えた。口止めまでされたというからたちが悪い。

沖縄で米兵による少女への性暴力事件は当初、政府が県と情報共有していなかったことが問題になった。上川陽子外相（当時）は被害者のプライバシーに配慮したと説明したが、プライバシーを守りながら県に伝えるべきだった。沖縄の現状は今でも米軍占領下と変わらず、日本の安全保障は沖縄の女性の犠牲の上に成り立っている。

多少改善されたようにみえるのは、文学の世界で女性の活躍が目立つことや、紙メディアの記者に女性が増えたことぐらいだろうか。日本労働組合総連合（連合）、日本航空（JAL）、日本弁護士会、検察などのトップに女が就き、テレビなどで目にする機会が増えた。まだ稀少動物のような存在だが、こんな風景があたりまえになることで、ジェンダー平等が文化として根付くことを期待したい。

日本社会には古くからあたりまえとされてきた性別役割分担意識、つまりジェンダー観が強く根を張っており。先進諸国の中でもとびぬけてジェンダー格差が大きい。この格差を埋めるには、歴史的、社会的、文化的につくられたジェンダーの視点で歴史をとらえかえす必要があるのではないか。その一助にという願いをこめて、副題を「人物で読むジェンダー史」とした。

まえがきに書いたように、本書の元になったのは、共同通信社のサイト「47ニュース」に寄稿した記事。6年間、テーマも原稿の長さもほぼ自由に書かせていただき感謝しています。書きっぱなしのわたしの文章を、丁寧にととのえてくださったのは担当の佐々木央さんで、心からお礼申しあげます。

インパクト出版会の深田卓さんとは長いおつきあいになります。1990年に『逗子は燃えた、そして、池子住民訴訟ノート』を出版していただいたのが最初で、共編著『女がヒロシマを語る』、復刊『女のくせに　草分けの女性新聞記者たち』と続き、そして『私だったかもしれないある赤軍派女性兵士の25年』と共編『連合赤軍　遺族への手紙』では同じ時代を呼吸した安心感がありました。そしてこのたびは『歴史をひらいた女たち　人物で読むジェンダー史』と本書と、2冊も出版していただきました。あらためてお礼申しあげます。そして、何よりもこの本を手にとってくださったすべての方に感謝いたします。

戦後80年、国際女性年から50年の年頭に

江刺昭子

江刺昭子（えさしあきこ）
1942年生まれ、ノンフィクションライター、女性史研究者。
著書
『草饐　評伝大田洋子』濤書房、1971、のち大月書店、1981
『覚めよ女たち　赤瀾会の人びと』大月書店、1980
『女のくせに　草分けの女性新聞記者たち』文化出版局、1985、のちインパクト出版会、1997
『逗子は燃えた、そして　池子住民訴訟ノート』インパクト出版会、1990
『女の一生を書く』日本エディタースクール出版部、1994
『透谷の妻　石阪美那子の生涯』日本エディタースクール出版部、1995
『樺美智子　聖少女伝説』文藝春秋、2010、のち河出文庫『樺美智子、安保闘争に斃れた東大生』、2020
『「ミセス」の時代　おしゃれと〈教養〉と今井田勲』現代書館、2014
『私だったかもしれない　ある赤軍派女性兵士の25年』インパクト出版会、2022
『歴史をひらいた女たち　人物で読むジェンダー史』インパクト出版会、2025

共編著
『女がヒロシマを語る』インパクト出版会、1996
『時代を拓いた女たち　かながわの131人』2005、『時代を拓いた女たちII　かながわの111人』2011、『時代を拓いた女たちIII　かながわの112人』2019、史の会・かながわ女性史研究会共編著、神奈川新聞社
『この女を見よ　本荘幽蘭と隠された近代日本』安藤礼二共編著、ぷねうま舎、2015
『連合赤軍　遺族への手紙』遠山幸子編著、インパクト出版会、202

共生社会をめざして
人物で読むジェンダー史

2025年2月25日　第1刷発行
著　者　江　刺　昭　子

発行人　川　満　昭　広
装幀者　宗　利　淳　一
発　行　インパクト出版会
〒113-0033　東京都文京区本郷2-5-11　服部ビル2F
Tel 03-3818-7576　Fax 03-3818-8676　郵便振替 00110-9-83148
E-mail：impact@jca.apc.org　http://impact-shuppankai.com/
編集担当＝深田卓

モリモト印刷株式会社